D1922035

Charlotte Gerber

LügenLeben

Charlotte Gerber

LügenLeben

Porträt einer Beamtenfamilie

Biograph

Erste Auflage Mai 1993
Zweite Auflage Juni 1993
Dritte und vierte Auflage Juli 1993
© 1993 by *Charlotte Gerber*
© 1993 by *Biograph-Verlag*, Zürich, Konstanz, Salzburg
Alle Rechte, insbesondere die der Übersetzung, der Lizenzausgaben, der Verwendung in den Print- und Massenmedien usw. vorbehalten.

Lektorat: Peter O. Rentsch
Satz: Erwin Wälli, Peter O. Rentsch
Druck: Spefa-Druck AG, Zürich, auf säure- und holzfreiem gelblich-weissem 90 g Papier
Einband: Franz Spiegel-Buch GmbH, Ulm, in Comtesse-Leinen von Peyer, Leonberg

ISBN 3-9520288-2-7

für Arno Gruen

*«Ich war das verwunschene Tier
des Märchens. In sein wahres Sein
konnte es sich erst zurückverwandeln
durch das uneigennützige Teilhaben
eines Menschen.»*

Guten Morgen, Sonnenschein?

Nein. Das Porträt dieser Familie trägt einen düstern Rahmen. Und das Bild?

Wirre, schmierige Striche, hässliche braunschwarze Kleckse, gitterförmige Linien und grellrote Farbe formen Fratzen, Räume, Schlünde. Dazwischen glaubt man lebendige Wesen, Kinder, zu erkennen. Eine mächtige Frau hockt streng inmitten des chaotischen Gebildes, und ein unschönes, verkniffenes Lächeln verzieht das Gesicht des Mannes, der sich hinter ihr zu verstecken sucht.

Ich halte das Bild in meinen Händen und betrachte es traurig. Unter meinem suchenden Blick wird die Darstellung lebendig. Ich erinnere mich, wie ich selbst daran beteiligt war. Und ich kenne die Werkzeuge besonderer Art, ohne die ein solches Werk nicht zustandekommt.

Zum Umfärben, zur Manipulation und zu verfälschenden Effekten eignet sich besonders gut das Verdrehen von Wahrheit.

Handeln und Sein der Personen lassen sich geschickt verstricken mit den spinnwebfeinen Fäden der Lüge und Verlogenheit.

Dicke Striche, breit aufgetragener Hass auf dem schwarz-grauen Untergrund halten das Ganze fest beisammen.

Der Pinsel im Rosa-Farbtopf ist beschriftet mit «Eltern-Geschwister-Kindesliebe». Er verleiht den dargestellten Figuren im Umriss einen künstlich-fröhlichen Schein.

Die mächtige Frau, die am meisten Raum einnimmt, ist die Mutter. Diesen würdigen Titel erhält eine weibliche Person automatisch durch das Gebären von Kindern. So will es die Gesellschaft.

Mutter ist die Hauptgestalterin des Bildes. Aber sie konnte nur das darstellen, was sie selbst war und in sich trug. Darum weckt die Darstellung Gefühle von Chaos und Verwirrung.

Es gibt drei Kinder auf dem Bild.

Ein erstgeborenes Mädchen, sechs Jahre darauf nochmals ein Mädchen. Dazwischen versucht ein Knabe, sich an den zwei Schwestern dem Leben entgegenzuranken.

Wir Kinder stehen da wie eingefroren, mit wachsamem Blick und folgsamem Lächeln. Das hat zu tun mit dem Hass unter dem rosa Mäntelchen der Liebe, und das hat zu tun mit dem Oben-unten-Spiel, das die Eltern uns vorlebten. Die Regel hiess:

Wenn der eine nicht guttut, ist der andere um so besser. Wenn der eine in Ungnade liegt, erhält der andere um so mehr Zuwendung. So ist das in allen

Familien, in denen es an Liebe fehlt und dieses Zuwenig an Liebe in Wahrheit Besitzanspruch ist.

Am Geld lässt sich Oben- und Untensein gut messen. In unserer Familie wurden alle Werte am Geld gemessen. Geld haben hiess nicht arm sein, niemanden brauchen, sich «wert» fühlen, nicht Angst haben, sich wehren können. In unserer Familie gab es sehr wenig Geld. Aber wir waren noch auf einer andern Ebene «arme» Kinder, auf einer wirklichen Ebene, auf welche das Geld seiner materiellen Dichte wegen nicht hinkommt: Unsere *seelischen* Hände waren leer.

Denn wir gehörten unsern Eltern. Wir waren ihr Eigentum. «Dank» unserer Verfügbarkeit spürten sie ihre eigene Dürftigkeit und Bedürftigkeit weniger.

Wir Kinder eigneten uns hervorragend auch als Blitzableiter in den explosiven und bösen Spielen, die Mutter und Vater mit sich selbst und miteinander trieben. Wir waren verfügbar. Wir waren Objekt. Darum der wachsame, eingefrorene Ausdruck. Objekt-Sein und Mensch-Sein vertragen sich nicht miteinander. Denn nur die Würde und ein eigenes Selbst machen uns menschlich. Darum sind die Kinder auf dem Porträt nicht wirkliche Kinder. Sind sie doch betrogen um ihre Lebendigkeit. Das wollten die Eltern nicht. Aber sie konnten nicht anders. Ein

Krüppel ohne Beine kann niemandem das Gehen beibringen.

In der Beschäftigung mit Geld fühlt man seine tiefere Armut weniger. Endlich lässt sich vielleicht an die vermeintliche Stärke glauben. «Geld macht frei», lehrte mich die grosse Schwester wiederholt und schon früh. Und so wurde sie später reich. Sie polsterte sich mit Materie ab, zu messen in Körperkilos und Gütern. Sie um-baute sich im buchstäblichen Sinn. Das ist zu verstehen.

Wer Wunden in sich trägt, die nicht heilen dürfen, weil das Anschauen und Behandeln zu grosse Schmerzen bringt, muss sie wenigstens vor Stössen abpolstern.

So werden viele Menschen schmerzfrei und wähnen sich glücklich. Gelegentlich aber plagten auch die Schwester tief innen nagende Zweifel. Solche Stimmen liessen sich dadurch zum Schweigen bringen, dass sie mir, der jüngern Schwester, und dadurch sich selbst ihre Wahrheit stets von neuem bestätigte. Das war überflüssig. Solche Gebäude ohne Fenster nach innen sind schwierig niederzureissen. Wenige sind dazu willens und imstande.

Im Umgang mit Geld hielt sich die grosse Schwester an den Vater. Ach, dieser Vater, unser Papi, wie Mami uns Kinder lehrte, ihn liebe- und respektvoll zu nennen. Die grosse Schwester verehrte ihn, so wie wir fast alle gerne die Macht in der Hand anderer verehren. Er war ihr Vorbild, glaubte sie; und nicht nur für das Finanzministerium, welches sie später zu ihrem Vorteil – wie jeder tüchtige und wirklich begabte Finanzminister – in der Familie übernahm. Den Titel «Finanzminister» hat sie sich selbst verliehen, sozusagen in usurpatorischer Weise. Jedenfalls die sicherste Methode, um zu einem Titel zu gelangen. In geschlossenen Systemen, wie unsere Familie eines war, ist die Aufgaben- und Rollenzuteilung strikt und definitiv. Ich, die Kleine, schien für anderes bestimmt zu sein, als wirtschaftliche Zusammenhänge nachzuvollziehen. Ein Beweis dafür mag sein, dass Papi mir in lichten Momenten die Karriere einer Hure voraussagte. Beide, Mama und Papa, trugen zu gegebener Zeit auf ihre Weise, unter dem Mäntelchen elterlicher Liebe und Fürsorge, das Nötige dazu bei.

Der Bruder trug seinerseits die Rolle des männlichen Stammhalters. Er vor allem sollte dem Bemühen um irdische Güter unserer Eltern Sinn und Dauer verleihen.

Ich wusste schon als kleines Mädchen, dass eine Hure etwas Schlechtes und Schmutziges ist, wogegen sich nichts tun liess. Ich wusste, dass furchtbar Schlimmes an mir war. Warum denn sonst hätte Papi mich so genannt, wenn ich in meinen Alpträumen schrie, wenn ich von Mami verstört und wimmernd im grell erleuchteten Badezimmer vor das «Brünneli» gestellt wurde und Mami meinen Kopf, der kaum über den Rand des Beckens reichte, mit kaltem Wasser abwusch, um mich in die kaum weniger schreckliche Wirklichkeit zurückzubringen? «Sie spinnt! Sie ist eine Hure, genau wie die Alte!» geiferte die Stimme Papis im Hintergrund. Im weissen, kurzen Nachthemd, aus dem die weissen, widerlichen Beine herauslugten, stand er im Gang.

Warum machten ihn meine Schreie so wütend? Oder machten sie ihm Angst?

Das Thema Hure war zentral. Auch Mama war ja eine, was Papi-Vater, der du nicht bist im Himmel, oft lautstark, verziert mit andern Titulierungen und unterstrichen mit Türenknallen, voll Gift und Hass durch das Haus schrie.

Wenn es anfing, rannte ich in panischer Eile im Haus herum, um die Fenster dichtzumachen. Niemand durfte *es* wissen! Das *Geheimnis* trug ich die längste Zeit meines Überlebens in mir herum, ohne es selbst benennen zu können. So schlimm war es und so tief musste es darum begraben werden.

Also Mami war eine Hure, nicht nur, weil Papi, der es ja wissen musste, alle drei weiblich konstruierten Angehörigen der Familie so nannte. Die Titulierung stimmte wohl, denn sonst hätte die Frau dieses Mannes bei solchen Beschuldigungen das eheliche Bett und Dach verlassen müssen und ihre Töchter vor der Gefahr der selbsterfüllenden Prophezeihung bewahren müssen.

Aber zum Sprachschatz dieser Familie gehörte das Wort «Würde» nicht. Begriffe wurden nicht innen erlebt und gelebt. Begriffe waren aufgesetzte, äusserliche Grössen. Nicht das Sein hatte Wert, sondern das Tun-als-ob. Die mit der Verachtung des Vaters besudelte Mutter musste keine innern Werte behüten, da sie fehlten. So konnte sie sich, das heisst ihre körperliche Präsenz und Verfügbarkeit, gegen die Vorteile, die sie durch ihren Ehe-Herrn bezog, austauschen.

Der Handel verschaffte ihr materielle Sicherheit. Darunter verstand sie Macht, Prestige, den Titel einer Beamtengattin mit Berechtigung zum Fahren in einer höheren, gepolsterten Klasse der schweizerischen Bahnen, und vor allem blieb ihr so die faktische Herrschaft über Haus, Ehemann und Kinder gewiss. Die Domina also. Noch Jahrzehnte später hat die erwachsen gewordene Tochter Mühe, geraden Blicks die Auslagen eines Sex-Geschäftes zu betrachten. Irgend etwas Peinliches, Übles, Beengendes kriecht ihr den Hals hoch und überschwemmt sie mit einem Gefühl von Lähmung und Hilflosigkeit.

Dabei waren sie, die sechs Jahre ältere, sechs Jahre stärkere, klügere, wehrhaftere und verständigere Schwester und die Kleine, längst vertraut mit diesen perversen Machenschaften.

Sie vergifteten als Bodensatz, als einzuatmende Luft alles Tun, und sie steuerten als bösartiges Stimulans alles Sein in diesem schrecklichen Haus. Die hellbraune, kunstvoll geflochtene Reitpeitsche war bloss das heimliche Signet, welches eigentlich als Hauszeichen, als Hausfluch sozusagen über der Eingangstür hätte hängen sollen. Auch in andern christlichen Häusern hängen ja Sprüche an den Wänden oder sind mit liebevoller Sorgfalt eingeschrieben. «Pasch cuntuntentscha e carezza en la pi gronda retgezza» buchstabierte ich als Sechsjährige an einem alten Bündner Haus. Niemand erklärte mir die Botschaft, und ich hätte auch nicht fassen können, dass Friede, Zufriedenheit und Zärtlichkeit die allergrössten Reichtümer sind. Meine Welt war eine andere. Es war die einzige Welt. Niemand zeigte mir, dass ich ohne Möglichkeit des Vergleichens, des Kennens von etwas anderem einen Zustand nicht ins Bewusstsein heben kann.

Auch wenn ich an der Lage leide, wenn sie mich zerstört, werde ich sie nicht wahr-nehmen, werde ich ihr nicht ent-kommen. Denn nur das Er-kennen macht zum Handeln fähig.

Wir drei Kinder kannten nur dieses Haus, diesen Garten, diese Eltern, dieses Gefängnis. Wir bekamen die Türe geöffnet, um das zu vollbringen, was unsere Eltern von uns haben wollten: Gehorsam, gute Schularbeit später. Für mich war das ganz in Ordnung, denn ich hatte sowieso das Geheimnis zu hüten, und die Schranken meiner Einsamkeit waren nicht zu durchbrechen. Kein anderes Kind liess ich zu mir nach Hause kommen, keine vertraute Freundin hatte ich, kein Lehrer später erfuhr von den schrecklichen Szenen in dem so harmlos und wohlanständig dreinblickenden Haus.

«Das Kind ist mit seinen Tieren glücklich», sagte Mama und sagten die andern Grossen ihr nach, zu denen auch heute noch die Schwester gehört. Noch will und muss sie es glauben, weil auch für sie die Wahrheit so schmerzvoll wäre wie sterben. Darum hält sie sich an *meiner* glücklichen Kindheit fest.

In der Edda steht: «Jedem ist bekömmlich sein Mass an Wissen. Gefahr bringt's, nicht Vorteil, zuviel zu wissen.»

Nicht-Erkennen kann auch retten, und genau das bewahrte uns zwei ungleiche Schwestern vor dem Verrückt-Werden.

Und der Bruder?

Mit der Reitpeitsche war die arme Mama gezwungen, dann, wenn es finster war oder auch, wenn sich der Schlüssel der Tür zum Elternschlafzimmer von innen gedreht hatte, den Papa zu schlagen, zu peitschen, wie sie sagte. Sie klagte es uns oft und verstand es, das Mitleid mit ihr in meinem Herzen zum Brennen zu bringen. Darum stellte ich mir nie die Frage, wie denn der böse Papa die arme Mama dazu bringen konnte, ihn zu peitschen. Auch die grosse Schwester konnte nicht helfen, denn das Beängstigende sass uns Kindern so unter der Haut, dass wir nicht wagten, miteinander darüber zu reden.

Aber die Vorgänge, um derentwillen ich mich stellvertretend für meine Mutter gedemütigt und erniedrigt fühlte, beunruhigten mich, stachelten meine Phantasie an.

Ich wollte wissen!

Wenn das elterliche Schlafzimmer leer und die Luft rein war, stahl ich mich hinein.

Zwei hellbraune Betten drückten sich brav aneinander. Hohe Bettladen an Kopf- und Fussteil und dazwischen, hoch aufgeschüttelt, die beiden Federbetten. Da standen eine Kommode mit Spiegelaufsatz, zwei grossen und zwei kleinen Zwillingsschubladen und der breite Schrank mit Doppeltüre, die man nicht heimlich öffnen konnte, weil sie quietschte, und in dessen hohlem Bauch zuunterst die Peitsche, die Kaninchenfelle und die grosse Puppe mit den aufklappbaren Augen auf das Gebrauchtwerden warteten. Um die Betten herum und an Schrank und Kommode vorbei lief die blaue Teppichgarnitur. Ich kannte sie genau und auch ihr Gewicht, denn es war schwer, die drei Stücke an der

Teppichklopfstange hochzuziehen, um sie zu klopfen und zu bürsten. Das Schlafzimmer bestand aus Massiv-Eiche. «Ein edles Holz», sagte Mama wichtig und stolz.

Der stille Raum hütete sein Geheimnis, hatte Ekliges, Wüstes und Böses, aber auch Faszinierendes gesehen. Das spürte ich. Ich stöberte in Papas Nachttisch herum und blätterte viele Male in dem Stapel Bücher, der darin versorgt war. Wenn ich nur besser hätte lesen können! Einmal mussten doch diese Bücher ihr Geheimnis preisgeben: die «Schule der Liebe» von Diotima; der Herr van de Velde in der «Vollkommenen Ehe» mit seinen 77 oder wieviel Stellungen; Forel und «Die sexuelle Frage»; die «Illustrierte Sittengeschichte» von Fuchs und Kind, ein dicker Schmöker, an dem ich der Illustrationen wegen immer wieder hängenblieb. Da gab es verniedlichte Darstellungen von sexueller Grausamkeit, nackte, schwellende Pos, mit Strapsen bekleidete, auf dem Boden auf allen Vieren kriechende, nackte Männchen und süsslich-sadistisch-genüsslich lächelnde Liebhaberinnen mit sausender Peitsche und quellenden Brüsten. Ich staunte, beklommen, schuldbewusst, angewidert und fasziniert, verunsichert, allein und verstand nichts. Aber ich spürte und nahm un-gewusst das Sexuelle, das Kranke, das Geheime in mich auf, welches die Bücher, den Raum und das ganze Haus füllten.

Die grosse Schwester glaubte, meine Kindheit sei glücklicher gewesen als ihre eigene. Sie neidete mir dieses eingebildete Glück. Die von Mama geschürte Konkurrenz um Zuwendung, Erfolg, Belohnung vertiefte den lebenslangen Graben zwischen uns Geschwistern.

Ich muss es ihr sagen. Sie *muss* verstehen!

Brief an die Schwester

Schwester, Du meinst, meine Kindheit sei glücklich gewesen. Lange habe ich das selbst glauben wollen. Auch Du, die ältere, bist ja heute noch davon überzeugt. Das Vertrauen in Deine Autorität und Stärke war für mich die meiste Zeit lebenswichtig, überlebenswichtig. Mit dieser Lüge zwischen uns will ich nicht fortfahren, und ich zähle Dir hier der Klarheit wegen Deine Begründungen für meine so abrupt beendete «glückliche» Kindheit auf.

Du sagst: «Die Liebe unserer Mutter gehörte vor allem dir, der Jüngsten.»

Das will bedeuten, dass unsere Mutter im Gegensatz zu als normal verstandenen Familien nicht für alle ihre drei Kinder genügend Liebe hatte, sondern, wie Du sagst, mich wegen meiner süssen Kleinkinderlocken und weil ich noch so ganz ihr gehörte, mehr liebte. Aber ist das Liebe? Jedenfalls veranlasste es Dich in Deinem kindlichen Gerechtigkeitssinn, mir dieses Attribut von mehr «Liebe» abzuschneiden. Die Sache muss Dir noch heute Gedanken machen und der Schmerz über das Wenigergeliebt-Sein immer noch brennen. Hast Du doch vor nicht langer Zeit freundlich gesagt (man kann auch fürchterliche Dinge freundlich von sich geben, sie wirken dann quasi anästhesierend, so dass das

Fürchterliche weniger deutlich wahrgenommen wird), Du hättest mir ja auch die Augen ausstechen können.

Du sagst: «Deine Kindheit war glücklich, denn Du durftest Klavier spielen lernen und ich nicht.»

Ich glaube nicht, dass Bevorzugung glücklich macht. Bedenke doch, dass in der Welt der Machtverhältnisse für Bevorzugung vom Vasallen stets ein hoher Preis zu bezahlen ist. Wer dem andern gehört, hörig ist, verliert sein Eigenstes, seine Selbstbestimmung, sich selbst. Er bezahlt diesen Verlust also mit seiner Würde und Selbstachtung, seiner Lebendigkeit.

Du sagst: «Deine Kindheit war glücklich, denn Du warst glücklich mit Deinen Tieren.»

Die Tiere, es handelt sich hier «bloss» um Katze, Kaninchen und Hühner; in der Reihenfolge ihrer Bedeutung für mein Überleben aufgezählt, waren sie wirklich mein schmerzliches Kinderglück. Meine ganze Innigkeit, Zärtlichkeit und Zuneigung galt ihrer pelzigen und gefiederten Glätte, Wärme und Reinheit, ihrem vertrauensvollen Stillehalten, ihren glänzenden, sanften und wachen Augen. Sie nahmen das kleine Mädchen hin und an. Sie argumentierten nicht, sie kritisierten nicht, sie beleidigten nicht, sie ängstigten nicht, sie befahlen nicht, sie straften nicht, sie machten nicht schuldig. Unsere Seelen konnten Zwiesprache halten.

Grässlich, die Kaninchen zerstückelt im Kochtopf brutzeln zu sehen, nachdem ich auf Mamis Befehl die blutigen, abgezogenen, steifen Bälge zum Gerben hatte bringen müssen.

Ein Schrecken, Mamis Hand aus der Tiefe des geköpften und in der Waschküche gerupften Huhns fertig ausgebildete, noch schalenlose und ungeschützte Eier holen zu sehen und dazu seelenlose, aber um so sachkundigere anatomische Betrachtungen zu hören. Ich war ein Bündel von Faszination, Mitleid mit dem vereitelten Leben, Abscheu vor der, die so ungerührt und herzlos dieses Hilflose zerstörte. Und dann waren da Fragen, die ich nicht stellen konnte, Fragen, die ängstigten: Bauch, Eier, junge Hühnchen, weiblich, Fruchtbarkeit? Weder Angst noch Abscheu durfte ich wirklich fühlen. Ich durfte nur fühlen, was Mutter fühlte. Denn sie hatte mich genauso in der Hand wie die Katzen, Kaninchen und Hühner. Auch ich war ein Ei ohne Schale. Ich liebte Mami, ich wollte und musste sie lieben und musste wollen, dass sie mich liebte. Ich brauchte diese Liebe zum Wachsen wie eine kleine Pflanze Erde, Wärme und Licht zu ihrem Gedeihen. So war ich auch bereit, für das, was ich für Liebe hielt, für das, was Mutter und Vater mir als Liebe vorlebten, *alles* zu tun. Denn für Liebe muss man tun, nicht wahr, Schwester?

Das war die Quintessenz all der anschaulichen Lektionen über Liebe in unserer Familie. Welche Offenbarung, als ich viel, viel später die Worte einer

Schizophrenen las: «Jeder sollte in seiner Erinnerung zurückblicken und sicher sein können, eine Mutter gehabt zu haben, die ihn liebte, alles an ihm, sogar seinen Schiss und Piss. Er sollte sicher sein, dass seine Mutter ihn liebte um seiner selbst willen und nicht der Dinge wegen, die er tun konnte. Sonst glaubt er, er habe kein Recht zu existieren. Er glaubt, er hätte niemals geboren werden dürfen. Egal, was dieser Person im Leben passiert, egal, wie sehr ihr weh getan wird, sie kann immer darauf zurückschauen und fühlen, dass sie geliebt werden kann. Wenn sie nicht auf so etwas zurückgreifen kann, kann sie gebrochen werden.»

Dass diese Worte von einer Schizophrenen stammen, berührt und tröstet mich. Auch unser Bruder hat sich in die Schizophrenie «gerettet». Seine Krankheit lässt sich von Deiner und meiner Kindheit nicht trennen.

Wenn meine Hände heute hantieren, schaue ich sie oft an, und sie sind mir verdächtig. Und vor meinen Augen ersteht das Bild, wie Mutters Hand aus dem Bauch des Huhnkadavers herauskommt; eine breite, kräftige, zum Zupacken geschickte, fühllose Hand. Da ist er wieder, der Konflikt. Nicht einmal die Hände will ich haben wie sie, und sie war doch mein Alles: mein Modell, meine Beschützerin, meine Pflegerin, meine Lehrerin, mein Vor-Bild. Was mir ihre Augen, Mienen, Bewegungen, Haltungen, Reaktionen und Worte widerspiegelten, daran musste ich mich orientieren, formen, bilden. Ich hatte keine Wahl! Mein einziger Bezug ins Leben war Mutter, und sie wachte eifersüchtig über diese Stellung, denn sie gab ihr ihrerseits Macht und Sicherheit.

Wo war der Vater? fragst Du. Papi interessierte sich, ausser auf dem Tisch und wegen seines Portemonnaies nicht für Kaninchen und Hühner. Auch zu der respektive den Katzen hatte er keine direkte Beziehung. Es waren bloss die braunen, auf der Oberfläche antrocknenden und penetrant stinkduftenden kleinen Fladen, die ihm willkommenen Anlass boten, seiner Meinung über Mamis Haushalten, Mami als Person, uns Kinder und seine bedauernswerte Stellung in diesem Dreckloch Ausdruck zu geben. Es entleerte sich jeweils aus ihm ein Reservoir an Beschimpfungen und Attributen, deren Bedeutung für mich «normal» wurde und die ich für viele, viele Jahre verinnerlichte. Du nicht auch, Schwester?

Mangels häufiger Raumpflege wurden diese kleinen Katzenkotkuchen oft erst nach Tagen, vielleicht Wochen, entdeckt. Zum Beispiel, wenn jemand darauf trat oder wenn die Katze in ihrem angeborenen Reinlichkeitsbedürfnis ihre einmal erkorene und eingeweihte Toilette erneut aufsuchte. Wenn Fineli, wie sie von Mami zärtlich genannt wurde, oder ihre Kinder, die sie regelmässig gebar und die ebenso regelmässig als Todeskandidaten auf irgendwelche

Weise wieder verschwanden, nachdem ich sie bereits in mein Herz geschlossen hatte, und sie tapsig und blauäugig herumspielten, in flagranti beim Scheissen von Mami ertappt wurden, wandte Mami ihre effektvolle Reinlichkeitserziehungsmethode an. Nebenbei bemerkt, Schwester, tust Du wohl daran, bei Gelegenheit zu versuchen, Mamis Verhalten auch auf ihren Umgang mit uns Kindern anzuwenden.

Mami packte das sich verzweifelt sträubende Tierchen mit ihrer festen Hand im Genick und drückte sein Näschen gründlich im Kot herum. Mami sagte immer, die Katzen würden dann reinlich. Aber das verschmierte Gesichtchen des hilflosen Katzenkindes und die vielen braunen Flecken in allen Ecken des Parkett- und Riemenbodens des Hauses, die trotz meines gehorsamen und eifrigen Schleifens des Bodens mit Stahlspänen nicht verschwanden, straften sie Lügen.

Mami und Papi waren meist so in ihre Machtkämpfe, ihre Ausbrüche von Wut, Hass, Beschuldigungen und Drohungen verstrickt, die vielleicht Vorspiel waren für spätere Begegnungen im dunklen Elternschlafzimmer, dass wir Kinder dabei ganz vergessen waren oder als Statisten zu funktionieren hatten und wenn möglich dem schauerlichen und Angst einflössenden Schau- und Hörspiel in einer ungefährdeten Ecke beiwohnten. Kein Wunder, dass auch die Katze ihren Schiss und Piss in die nächstbeste Ecke deponierte, da ja auch – wie in einem richtigen Theater – nach Beginn der Vorstellung alle Türen und Ausgänge geschlossen wurden. Es war eine sogenannte geschlossene Vorstellung – nur für Insider. Und es stimmte. Wir Kinder gehörten dazu. Wir waren, je nach Wunsch der Hauptstreitenden, Sekundanten, Schiedsrichter, Klageweiber, Türschliesser, Reinemachefrauen, Seelsorger, Läufer (um die Polizei zu holen) ...

Und wir wollten dabeisein. Wir fühlten uns weniger hilflos und verängstigt. Wir konnten nicht weggehen. Sie hätten sich ja töten können. Erinnerst Du Dich, Schwester? Schwester, beim Durchlesen packt mich das Bauchweh. Ich finde schrecklich, was da steht, und kann doch nichts davon streichen. Es macht Angst, sich nicht mehr klein zu machen, sondern aufzustehen und laut zu werden.

Meine – unsere – glückliche Kindheit, es gab sie nicht! Die Bauchschmerzen sind die meiner Kindheit. Bauchweh – Ohrenweh – Halsweh! Viele Kinder leiden darunter. Du auch, als Kind? Ich weiss es nicht, aber ich möchte es gerne wissen. Wie wenig wussten und wissen wir voneinander als Kinder! Manchmal hole ich deshalb alte Schachteln mit alten Fotos hervor. Ich betrachte sie lange, tauche in sie hinein und wünsche mir so sehr, sie möchten reden. Da stehen wir drei Geschwister zum Beispiel in Reih und Glied. Folgsam und geduldig, denn Papa – Fotografieren war seine einzige sporadische Liebhaberei, die der Familie zugute kam – brauchte lange, um abzudrücken, und wir durften uns derweil nicht rühren und ihn nicht verärgern, sonst wäre ja der Sonntag «explodiert». Wir lächeln alle drei verkrampft, ich wie fast auf allen Fotos am wenigsten, und unsere Augen schauen ängstlich und misstrauisch. Bei einzelnen Fotos erinnere ich mich, wie unsere Gesichter in der Badewanne im Wasserbad herumschwammen, bevor sie dann zum Trocknen an die gekachelte Wand über der Badewanne geklebt wurden. Während dieser lange dauernden Prozedur war das Badezimmer kein Badezimmer, sondern ein Fotolabor. Zähne putzte sich mit Ausnahme Papas sowieso niemand, und baden taten wir als grobe Regel eh nur einmal die Woche, das zu zweit und mit wenig Wasser, denn es kostete.

Papas Freizeitbeschäftigung war wichtig, wichtiger als alles, was die andern Familienmitglieder tun oder lassen konnten. Er fotografierte nicht nur hinter aufgestelltem Stativ und den Kopf samt Apparat unter einem schwarzen Tuch verhangen, er entwikkelte auch in seiner Dunkelkammer. Die Waschküche wurde selten verwendet. Ausser zum Rupfen eines Huhns waltete und wütete Mutter dort nur sporadisch. Wenn die Deponie von Leintüchern, Deckbettanzügen, Moltons, Unterhosen, weiten, schlotterigen von Mama, Hemden, dreckigen Sokken, verbluteten zusammengefalteten, in Stücke gerissenen Menstruationswindeln, Küchentüchern, usw. usw. so gross geworden war, dass sie auf der Estrichtreppe den Aufgang und die Tür versperrte und Papa deshalb einen seiner Familienkräche inszenierte, kam das grosse Waschen über Mutter.

Das Gefühl, das mich an solchen Foto-Sonntagen quälte, ist in mir, in meinem Körper gespeichert: «Sei still, stör nicht, sei lieb, sag etwas Liebes zu Mami, bring Papi etwas zu trinken! Wenn sie nur nicht wieder streiten! Hoffentlich läuft nichts schief!» Folgsamkeit und Gefügigkeit aus Angst! Dieses ausschliessliche Für-den-andern-da-sein, dieses Allem-Unangenehmen-Zuvorkommen ist, so kommt es mir vor, wie Schienen in mich eingegraben. Mein Lebensfahrzeug will immer wieder hineinrutschen. Das deutet auf eine tief verinnerlichte Lektion: «Mach dich klein! Nimm dich nicht wichtig! Pass dich an! Hör nicht auf deine Bedürfnisse! Die andern sind wichtig, sie kommen zuerst.» Die andern waren die Eltern. Und immer war da als Kind diese tiefe Angst in mir. Angst wovor? Angst weshalb? Weisst Du es, Schwester?

Unsere Kindheit war keine Kindheit. In ihr war alles Lüge. Die Liebe war nicht Liebe.

Die gesprochenen Worte versteckten unausgesprochene Worte. Mamas Körper redete eine andere Sprache als ihr Mund.

Und der Mund eine andere als die Augen.

Und die Augen eine andere als die Hände.

Und die eine andere als die Stimme ... und sie widersprachen sich oft.

Weil Du, Schwester, diese Lüge viele Jahre mit mir gelebt und geteilt hast, muss ich zu Dir reden. Du willst nicht, dass ich rede. Du willst von all dem nichts mehr wissen, sagst Du. Du willst Deine Familie verschonen damit. Du lebst im Heute, glaubst Du. Du bist satt und hast Geld und den Schrank voller Vorräte und Kinder, die trotz Volljährigkeit von Dir zehren, was Du nicht wahr-nimmst, weil es Dein Selbst-Bild in Frage stellen würde. Du hast einen Mann, der sich mit Dir hat arrangieren können. Denn Du bist oben in Deiner Familie wie unsere Mutter, Du bist einmal mehr Finanzminister, Du kennst die richtigen Leute, Du bist realistisch, wie Du sagst, und das Bauchweh, die Angst, die Unruhe, die Verzweiflung, die Stimmen kennst Du und hörst Du nicht mehr. Du weisst, wann und ob und dass Du recht hast, und das letzte Wort liegt bei Dir. Du weisst auch, was Du wann, wie, wo und wozu zu fühlen hast, und darum unterliegst Du auch nicht diesem lästigen Weinen, der Traurigkeit im unpassenden, so störenden Augenblick.

Wie war denn Mutter? Hat sie nicht alle Massstäbe, nach denen sie glaubte, ihr Leben auszurichten, von aussen bezogen, von denen, die gerade «in», die gerade die richtigen Leute waren, die gerade oben schwammen: Du nanntest sie eine seelische Chaotin. War sie es deshalb, weil sie keine innere, eigene Ausrichtung besass, weil ihr Inneres kein Eigenes war und deshalb leer, unerträglich leer? Sie musste es auffüllen, zuerst und immer wieder mit der Lebendigkeit ihrer Kinder, die sie sich stets zur Verfügung hielt. Sie war also so recht eine kinderfressende Mutter, wie viele der von der Gesellschaft hochgelobten Frauen. Sie können nicht aufhören, ihre Kinder zu fressen und als Gegenleistung an sich saugen zu lassen, lang über die Volljährigkeit hinaus. Es heisst dann: «Sie lebt durch und mit ihren Kindern. Sie sind ihr alles. Sie ist ein richtiger Muttertyp.» Und die betroffenen Ehemänner nennen ihre Frauen der Einfachheit halber auch gleich Mutter.

Was man als Kind andressiert bekommt, wird weitergereicht, von Generation zu Generation, wie eine seelische Seuche. «Ich liebe dich, aber nur wenn du so bist, wie ich dich haben will. Ich besitze und verführe dich, aber du darfst es nicht merken. Wenn du mir beitrittst, gebe ich dir von meiner Macht, die ich Stärke nenne.»

In diesem widerlichen Spiel, dem meistgetätigten unserer «Kultur», sind die in unserer Gesellschaft Mächtigen «Profis».

Schwester, ich habe angefangen aufzuhören, in dieser Lüge zu leben. Es ist ein riesiges Unterfangen, den so mit Lüge verunkrauteten Seelengarten umzugraben. Doch ich muss die Unkrautwurzel an die

Oberfläche hacken, sie achtsam herausziehen. In dieser Arbeit willst Du mich nicht begleiten. Deine Angst ist zu gross, ohne dass Du darum weisst. Auch der Bruder hat mich allein gelassen. Er spürte die Lüge auch, aber die Wahrheit dahinter war ihm so schrecklich, dass er ihr nur glaubte entrinnen zu können, als er von der Brücke hinuntersprang. Einen Bilanztod nannten die Psychiater trocken sein Ende.

So ist es entschieden, Schwester: Einer sprang von der Brücke; eine baute sich eine irdische Burg und verbannte den Schmerz; eine zieht im Ringen um Wahrheit aus und lernt dabei das Fürchten.

Deine Schwester

Angst

Als einst kleine Schwester wusste ich, dass ich verlogen war. Es war ein diffuses, gefühlsmässiges Wissen. Mama erzog mich natürlich zur absoluten Ehrlichkeit und Wahrheitsliebe mit Sätzen wie: «Wer einmal lügt, dem glaubt man nicht, und wenn er auch die Wahrheit spricht» oder «Unehrlichkeit fängt mit dem Stehlen einer Stecknadel an und endet im Zuchthaus.» Auch das ist Terror, ganz subtil.

Als Kind aber betätigte ich mich schon in der ersten Schulklasse – sechsjährig und schon verdorben, wie ich selbst glaubte – als Fälscherin, und ich log. Fräulein Rudolf, die liebe Lehrerin, worüber Mama keinen Zweifel duldete, verteilte an gute ABC-LeserInnen kleine Kärtchen, worauf mit roter Tinte und Stahlfeder sorgfältig «gut» geschrieben stand.

Dieses erzieherische Prinzip ist umwerfend und wird auch heute noch täglich in den Schulen mit bestem Erfolg angewandt. Ich muss es wissen, denn ich habe an diesem Beruf in aktiver und passiver Besetzung mehrere Jahrzehnte ausgiebig teilgehabt. Es ist das schon erwähnte Oben-unten-Prinzip und heisst hier: «Wer es schon kann, wird zusätzlich zum

Erfolgserlebnis auch noch belohnt, auf dass der Starke immer stärker werde und der Schwache stets weiter nach unten gerate.

Sechs dieser Rudolfschen Gut-Kärtchen gaben Anrecht auf ein geheftetes, farbiges Märchenbüchlein in Glanzkarton. Ganze Abschnitte las ich Erstklässlerin im Unterricht aus dem Lesebuch fliessend vor. Mama sagte wissend: «Klein, aber gescheit.» Das einschränkende «aber» im Sätzlein verpflichtete unausgesprochen und trieb an, die Anstrengungen zu steigern. Damit konnte man sich Mamas Liebe verdienen! Warum sagte sie nicht «Klein *und* gescheit?»

Ich schnitt Papierkärtchen aus, schrieb mit roter Tinte ein «Gut» darauf und mischte gelegentlich mein Eigenfabrikat unter die bereits von der Lehrerin erhaltenen Exemplare. Die kleine Märchenbüchleinkollektion wuchs. Sie waren bunt! Sie waren mein Schatz. Ich hatte sie mir verdient, obwohl auch hier der Wurm drin war. Sie nährten meine hungernde Phantasie. Mit ihnen rettete ich mich immer wieder aus der wirklichen Welt in eine, wo ein anderes Gut und Böse regierte als in der Wirklichkeit, in der ich zu leben hatte. Aber mit der Lüge, der Angst, der Sehnsucht und der Schuld blieb ich allein.

Ich erinnere mich nicht mehr ans Ende meiner Karriere als Fälscherin. Noch habe ich aber die

Worte der Lehrerin im Ohr: «Wir haben ein Kind in der Klasse, das betrügt.» Lange habe ich als erwachsene Frau das kleine Mädchen in mir verurteilt. Jetzt frage ich: «Warum lügen kleine Mädchen? Warum lügen Menschen? Warum brauchen sie die Lüge wie die Luft zum Atmen?» Meines Wissens lügen Tiere nicht. Ein Huhn gackert nicht absichtlich, wenn es kein Ei gelegt hat. Die Katze schnurrt nicht, weil sie es sich überlegt hat. Sie schnurrt oder eben nicht. Ich jedenfalls log aus Angst. Angst war das Schlüsselwort. Und nicht nur zum Vorzimmer meines Innern.

Darin sassen in der Runde die Fratze Angst vor Kritik,
Angst, lächerlich zu sein,
Angst zu versagen,
Angst vor Strafe, um nur die allerhässlichsten zu nennen.
In der Mitte hockte die Oberfratze Angst vor der Angst vor der Angst ...

Ich glaube, die Angst war «von Anfang an» da. Sie war wie das Wasser in meinem Körper. Sie füllte jede Zelle, jedes Organ unsichtbar und meist unfühlbar.

So lebte die Angst in mir und ich in ihr. Sie war so allgegenwärtig, dass ich nicht wusste, wie sehr ich nur aus Angst bestand. Auch Mama hatte ja keine Angst. Angst war in unserer Familie kein Thema. Angst war allerhöchstens «dummes Zeug», zimperliches Benehmen, Faulheit, Feigheit, Bequemlichkeit, hysterisches Getue. Auch für Mama gab es keine Gefahren. Wie gerne wäre ich so furchtlos gewesen wie sie.

Zur Zeit der Verdunkelung im Krieg besuchte sie abends während der Wintermonate einen Nähkurs. Die bereits bekannte Reitpeitsche trug sie auf ihrem Fussmarsch in die fünf Kilometer entfernte Stadt auf sich. Auch mein Vater scheint es selbstverständlich gefunden haben, dass seine Frau in Stockfinsternis stundenlang unterwegs war. Sonst wäre sie doch wohl nicht hingegangen.

Sie schickte auch mich, sechsjährig, zu Fuss zur Harmonikastunde in die Stadt. Tapfer marschierte ich jede Woche los, das Instrument, das so gross und schwer war, dass ich ohne Noten spielen musste, denn meine Person verschwand buchstäblich hinter Balg und Tasten auf dem Rücken. Es gab zwar einen öffentlichen Bus, der die lange, lange, menschenleere Allee, der städtischen Friedhofmauer und dem Wald entlang, in wenigen Minuten schaffte. Aber die Fahrt kostete zwanzig Rappen. Die Allee war von dicken, hohen Bäumen beschattet. Meine Phantasie versteckte hinter jedem Baum «einen». Ich hatte vor diesem multiplizierten Mann panische Angst. Ich wusste, er würde mir etwas Furchtbares antun. Etwas «nicht Normales». Dieser Ausdruck ist heute noch in meinem Hirn eingebrannt. Und heute noch kann ich mir dieses «nicht Normale» weder vorstellen noch ausmalen, denn es ist diffus und schrecklich.

Längs dem Strassenrand hatten die Fussgänger im Lauf der Jahre einen kleinen Trampelpfad ausgetreten, der wie eine Berg-und-Tal-Bahn vom Strassenrand weg hinter den einzelnen Bäumen verschwand und wieder hervortrat. Ich blieb auf dem Trottoir. *Nach* einem Baum rannte ich, so gut es mit der Last auf dem Rücken ging. *Zwischen* den Bäumen versuchte ich, Luft zu holen. *Vor* dem nächsten Baum wagte ich kaum weiterzugehen.

Es wäre mir wichtig zu wissen, was der multiple Mann mir getan hätte. Denn ich *sah* ihn überall: hinter der Kellertür, hinter dem Hydranten an der Strasse, hinter der Thujasäule am Gartentor, hinter den Bergen von Plunder auf dem Estrich, unter dem Bett in der Nacht, im Kleiderschrank. Ich *sah* ihn die Klinke der Haustür herunterdrücken. Ich brauchte sie nur lange genug aufmerksam und atemlos anzustarren und *sah*, wie sie sich langsam bewegte. Ich erstarrte vor Angst. Wenn ich allein war, blockierte mich die Angst völlig: vielleicht wünschte ich mir auch deshalb mit der ganzen Kraft meiner Sehnsucht einen Hund.

Die Angst hat mich auch als erwachsene Frau nicht verlassen, nachdem ich längst bewusst erfahren hatte, was ein Mann einer Frau tut oder einem Mädchen, einem Kind an-tut. Und da war ja auch die Geschichte mit der Schwester und dem Mann und dem Baum. Ich fange an zu rechnen: Wie alt war ich da? Und die Schwester? Und der Bruder? Wo war ich da? Und die Mutter war wie alt? Wie alt bin ich heute, und wie verhalte ich mich im Alter meiner Mutter? Ist sie denn also noch immer «Mass» für mich, so tief in mir eingeritzt, dass ich es nicht ge-wahr werden kann?

Bilder steigen in mir auf, belebte und bewegte Bilder. Sie überschneiden und überlappen sich. Ihre Farben vermischen sich zu diesem dreckigen, eintönigen Grau des Porträts. Die Tiefe in der Zeit haben sie verloren; die Dimension der Zeit ist sozusagen herausgefallen. Ein mosaikartiges Gebilde schaut mich an, das Puzzle meines Lebens. Viele Stücke wollen nicht passen. Sie sind in den falschen Platz hineingequält, verbogen, mit Gewalt hineingepresst. Bei oberflächlichem Hinschauen scheinen sie zu stimmen. Aber sie nehmen die Stelle des richtigen Teils ein und zerreissen den Zusammenhang des gewordenen Ganzen. Es geht nicht anders:

Alle diese Teile muss ich herausnehmen, sie genau und ohne falsche Gefühle betrachten, ihre scharfen Kanten spüren und die Form beurteilen. Dabei gewinnen sie ihre Farbe zurück. Richtig eingesetzt, werden sie vielleicht das dumpfe, schmierige Grau beleben und vielleicht – hoffe ich, möchte ich – entsteht durch die lebendigen Farben ein Bild mit Tiefenkraft, mit tiefer Kraft.

Das ist harte Arbeit und kein Spaziergang. Hinunterzusteigen in die graubraune Schmiere einer verlorenen Kindheit kostet Schmerz und Angst. Ich schaue die Angstfratzen im Vorzimmer meines Innern an. Ein Blick in die innerste Seelenkammer zeigt mir ein verdrücktes, durch die Ängste klein gemachtes Kinder-Selbst.

«Du bist nicht richtig, du machst es falsch, so kann ich dich nicht brauchen...» Das ist Mamas kritisierende Stimme.

«Nimm dich nicht so wichtig, sei nicht so wehleidig, nimm dich zusammen, mach kein Theater, mach etwas Vernünftiges, halt's Maul...» Das ist Mamas tadelnde Stimme.

«Benimm dich nicht so blöd, nimm die Hand da weg...» Schon wieder Mamas vernichtende Stimme, die gleichzeitig mit der Nachbarin in meinem Beisein über mich redet, wie wenn ich nicht da wäre.

«Ich will dir (zeigen, wer hier Meister ist)! Du wirst sofort tun, was ich dir sage...» Das ist Mamas befehlende und drohende Stimme.

«Ja, unser Kleines, denken Sie, da hat es doch...» Das ist Mamas schmeichelnde, peinliche Stimme.

«Du gehst sofort ins Bett, ich will dich nicht mehr sehen, du bist gar nicht mehr mein liebes Kind, ich laufe euch jetzt gleich weg...» Das ist Mamas strafende Stimme.

Es ist so schwierig, Mamas Liebe ständig Nahrung zu geben. Mama aber ist alles für mich. Die schlimmste Strafe ist es, dieser Liebe nie ganz sicher zu sein. Eigentlich kann ein Kind so innerlich nie zur Ruhe kommen. Es steht nie auf seelisch festem

Grund. Es vollführt einen ständigen Balanceakt. Es muss immer wach bleiben, bedrohliche Situationen vorausfühlen, gleichsam ein Seelenschach leben, bei dem die Züge des Gegners – der Mutter – weit zum voraus erkannt werden müssen. Das ist furchtbar anstrengend, lässt das Kind nicht wachsen. Es zwingt dem Kind ein Training auf, sich selbst nicht wahrzunehmen, seine Gefühle nicht zu fühlen, seine Bedürfnisse nicht zu empfinden, sich in keiner Weise für wichtig zu nehmen. Nur den *andern.* Nur Mama und Papa. Die Lektion, durch zahllose Wiederholungen verinnerlicht, heisst: «Die Eltern, die Grossen, kommen immer zuerst, auch wenn ihre Worte das Gegenteil sagen.» So kann ein Mensch nicht wachsen.

Der Gast ist nichts schuldig

Auf einem Verkaufsregal stand einmal ein kleines, blau geblümtes Steingut-Milchkrüglein, dicht gedrängt mit andern gemischten Waren. Es handelte sich also um einen Gemischtwarenladen. Er wurde betrieben von einer Tante, die nicht meine Tante war, einem Onkel, der auch nicht mein Onkel, aber Friseur war. Der Gemischtwarenladen stand mit dem Frisiersalon vom ersten Stock ins Erdgeschoss durch ein Rohr in Verbindung, durch welches man akustische Botschaften, aber auch Murmeln jagen konnte. Auch Flüssigkeiten wären möglich gewesen, aber dafür war nicht meine Phantasie, sondern mein Mut schon zu sehr zusammengestutzt und geschrumpft.

Die Sendungen jeder Art traten durch eine Art Trichter aus dem Rohr aus, einen Konstruktionsteil, den man mit Vorteil nicht zu nah ans Ohr hielt, denn der Nicht-Onkel hatte eine kräftige Stimme. Auch im ersten Stock, im Coiffeursalon, gab es einen grossen, schnörkeligen Trichter. Der war an einem faszinierenden Gerät befestigt. Es bestand aus einem Gehäuse, auf dem man gegen wenig Widerstand eine Art Teller drehen konnte. Auf diesem Teller lag zentrisch ein zweiter, schwarzer, flacher und gerillter Teller. Das Ding war mit dem Stromnetz durch ein Kabel verbunden. Deshalb musste es entweder Licht von sich geben, Töne machen oder sich bewegen. Ein merkwürdig kurzes Ärmchen am rechten Rand des Gehäuses fuhr dann mit seinem einzigen «Finger», einer spitzen, kurzen Nadel, in übersetzter Geschwindigkeit stets derselben Rille des schwarzen Tellers entlang. Dabei gab das Gerät leise, kratzende Geräusche von sich.

Obwohl ich vom ersten Grammophon meines Lebens fasziniert war, haftet sonst von diesen «Ferien» fast nur noch der kleine, blaue Krug in der Erinnerung. Ich musste die Sehnsucht, meiner Mami das ach so schöne Ding heimzubringen, trotz Schüchternheit so schlecht versteckt haben, dass die «Tante» es mir schliesslich überliess. Alles andere ist verblichen und unleserlich geworden: das Gesicht der Tante und des Onkels, ihre Namen, die Reise ins Berner Oberland und zurück. Der blaue Krug aber beweist, dass die Liebe eines kleinen Kindes zu seiner Mutter, wer oder wie sie auch immer sein mag, alles andere zudeckt. Das Bedürfnis im Kind, von seiner Mutter angenommen und geliebt zu werden, ist übermächtig.

Wenn ich heute in einem Brockenhaus oder auf einem Gemischtwarenregal ein ähnliches Krüglein stehen sehe, würgt mich wieder der schmerzende Kloss im Hals, und ich fühle den Drang, es zu kaufen. Warum? *Für Liebe tue ich alles. Nein! Für das, was ich für Liebe halte, tue ich alles!*

Die Rille der Grammophonplatte krächzt so lang dieselben Töne, bis das Gerät defekt wird oder die Platte bricht. Es sei denn, eine gnädige Hand hebt das Ärmchen mit der Nadel aus der zerstörten Rille!

Es ist sehr schwierig für ein Kind, die Liebe seiner Eltern zu «verdienen». Es ist unmöglich. Deshalb steht das Kind immer in der «Schuld» seiner Eltern. Der Titel eines wichtigen Buches heisst: «Kinder sind Gäste, die nach dem Weg fragen.» Es liegt in der Natur des Gastes, dass er nichts schuldig ist, dass er erhält und wieder gehen darf.

Wir drei Kinder standen in der Schuld von Papa und Mama. Sie war riesig. Wir konnten sie niemals abtragen. Unsere Eltern opferten sich für ihre Kinder auf. Darin waren sie sich – ansonsten eine Seltenheit – einig: «Ich muss ins Büro. Ich habe Terminarbeiten. Meine Mittagszeit ist so kurz, dass ich kaum essen kann. Was, du brauchst schon wieder Geld für die Schule? Ich habe bald keines mehr. Nächstens muss ich das Haus verkaufen, da seht ihr dann, wie es ist, wenn euch keiner mehr ein Dach über dem Kopf gibt. Überhaupt, ihr macht mir nur Sorgen und die Alte auch. Auch die macht ja, was sie will, diese Mätz!»

Das war Papas Stimme. Vorwurfsvoll. Drohend. Leidend. Weinerlich. Erbärmlich. Mitleid fordernd. Schuld zuschiebend.

Mamas System war anders. Sie war eine Macherin. Sie verstand es, der Familie das Gefühl ihrer

Unentbehrlichkeit zu geben. Sie musste furchtbar viel für uns alle tun. Natürlich geriet sie daher stets und unweigerlich mit ihren Pflichten ins Hintertreffen: Der Wäscheberg war zu hoch, der Bügelkorb quoll über und hielt bereits seit Wochen das ganze Sofa besetzt, das Geschirr in der Küche türmte sich, alle fünf Betten sollten endlich neu bezogen werden, auf der Nähmaschine lag auf einem Haufen die letzte dringende Näharbeit und überall – vom Schuppen mit den Kaninchen und Hühnern bis zur Kellertreppe und dem Marmeladengestell – wäre zu wischen, aufzuräumen, zu ordnen, zu putzen gewesen. Aber oft *konnte* sie nichts tun!

Ich komme aus der ersten Klasse um elf Uhr nach Hause. Sie liegt im Bett, um sich herum eine Auslage von zerlesenen Zeitungen. Auf ihren Befehl renne ich in die Cooperative, damit Papa das Mittagessen einigermassen zeitig auf dem Tisch finde. Es ist auch möglich, dass ich Mama gegen Mittag im Garten antreffe. Sie kann nicht aufhören, Zwiebeln zu stekken oder Johannisbeeren zu pflücken. Oder vielleicht hat sie sich mit dem Milchmann, der um zehn Uhr dreissig gekommen ist, so lange unterhalten und wichtige, für Erwachsene bestimmte Dinge besprochen (denn man darf nie zuhören), dass Papa, wenn er seinerseits pünktlich um zwölf Uhr dreissig das Haus betritt, den Haushalt noch in chaotischem Zustand antrifft.

Sie ist wieder da, die Angst vor Streit und Unfrieden. Also tue ich alles, um den Eltern von ihrer Last abzunehmen, um mich weniger schuldig zu fühlen, um ihnen Freude zu bereiten: Ich bastle ein Weihnachtsgeschenk für Papa. Meine kleinen und noch ungelenken Hände kleben Streichholzschachteln zusammen. Mamas Leim hält nicht gut! Das Ausfüttern der Schächtelchen mit Papier ist eine knifflige und schwierige Sache. Aber es soll schön werden. Papa wird sich freuen. Er wird stolz auf seine kleine Tochter sein. Ich will ihn nicht enttäuschen. Ich male mir sein Gesicht aus, wenn er mein Geschenk auspackt. Er wird lächeln. Ich werde mich gut fühlen. Es wird keine hässlichen Spannungen geben. Die Eltern werden sich anschauen. Sie werden Freude an mir haben und sich nicht voneinander abwenden und zanken und einander schreckliche Wörter an den Kopf werfen.

Ich klebe vier Schächtelchen seitlich aneinander. Es braucht Geduld. Ich muss lange pressen und das Ganze mit einer zweiten Viererserie wiederholen. Ich klebe die Schachteln stockwerkartig übereinander. Nun sieht es aus wie ein Minimöbel mit Minischubladen. Das schönste fehlt noch. In der Grösse der Oberfläche schneide ich ein Blatt zurecht, falte es mehrfach, so genau ich kann, und schneide nun Ecklein heraus. Das gefaltete Papier ist dick. Mama hätte mir dünneres Scherenschnittpapier geben sollen. Ich brauche Kraft und Geduld. Unter den Scherenschnitt lege ich ein gleich grosses, rot bemaltes

Papier. Das ganze Gebilde klebe ich auf die Schachteloberseite. Es muss schön werden. Meine ganze Kraft, Phantasie und Liebe lege ich in mein Kunstwerk. Ich suche kleine Gegenstände, um sie im Möbel zu verstauen und Papa damit zu überraschen. Ein rundes Steinchen, eine kleine, selbst gefertigte Zeichnung, eine Murmel, die ich liebe. Noch fehlt die Widmung «Für Papa von Lotteli». Ich kann es noch nicht allein. Mama hilft. Sie schreibt den Text zuerst als Muster vor, und ich übertrage ihn andächtig auf die Unterseite des Geschenks. Es befriedigt mich nicht ganz. Mit dem Material, das Mama mir gab, war eine bessere Arbeit nicht möglich, das spüre ich undeutlich. Aber Mamas Hilfe war nicht leicht zu bekommen. Zum einen hat Mama ja furchtbar viel zu tun. Die ganze Haushaltung und die vielen Kontrollfunktionen über Mann, Kinder, Garten, Haus nehmen sie mir weg.

Zum andern fiel es mir als Kind schwer, ohne dass ich mir dessen bewusst war, von Mama Hilfe zu Papas Gunsten zu erfragen. Auf diffuse Weise war das gefährlich. Man sollte Papa etwas Liebes tun und sollte es doch nicht. Für Papa etwas Liebes tun, war wie Mama abtrünnig werden. Da musste man ganz wach sein und ganz vorsichtig vorgehen. Es war wie auf einem Seil tanzen oder auf einem Grat wandern. Man konnte jederzeit abstürzen.

Aber auch das Umgekehrte, nämlich von Papa zugunsten von Mama etwas zu verlangen, brachte Gefahr. Ich brauchte natürlich Mama mehr als Papa.

Erstens war er nur zum Essen da, zweitens war er müde, wenn er daheim war, drittens war er schlechter Laune und gereizt und gehässig, viertens störte ihn meine Gegenwart bloss, und ich fühlte mich fünftens in seiner Nähe unwohl und beklommen.

Mama hingegen war das Zentrum von allen und allem. Sie füllte das Haus mit ihrer Präsenz, mit ihrer Stimme und mit ihrer Macht. Mit Mama es zu verderben, war tödlich. Es mit Papa zu verderben, brachte wahrscheinlich sogar einen Zuwachs von Mamas Zuwendung.

Mamas wegen durfte ich keine guten Gefühle für Papa hochkommen lassen. Und doch geschah es hin und wieder, dass ich mich zur Verteidigung Papas hinreissen liess, dann nämlich, wenn ihn Mama unerträglich bösartig, hinterlistig, grob und gemein abkanzelte und fertig machte. Wohl spie er all sein Gift zurück, und doch war er schwächer. Solche Stellungnahmen zugunsten des Feindes bezahlte ich teuer: Mama verstiess die Abtrünnige auf der Stelle, jagte sie aus ihrem gemeinsamen Paradies. Sie entzog ihr ihre Liebe und ihren Schutz. Das tönt grossartig und melodramatisch. In der Praxis hörte sich das etwa so an: «Jetzt sehe ich, mit wem du es hältst. Du falsches Luder, du Dreckstück! Geh nur zu *dem*! Du wirst deine heiligen Wunder erleben!» (Darin hätte sie wohl recht gehabt.) «Du musst dann aber nicht zu mir heulen kommen, kannst zuschauen, wo du bleibst und wer für dich sorgt! Nie hätte ich geglaubt, dass meine eigenen Kinder mich so verraten!»

Bei diesen Tiraden zog sie sich jeweils für kurze Zeit in ihr Bollwerk, die Küche zurück, um kurz darauf mit neuer, geballter Kraft herauszustürzen, die Tür zu knallen, dass das Haus zitterte, und neue Anschuldigungen, Verwünschungen und Schimpfwörter auszuspucken. Den Schluss bildeten manchmal wilde, schmerzerfüllte Tränenausbrüche und Drohungen, wegen des Verrats zu verschwinden und ins Wasser zu gehen.

In solchen Momenten wurde ich – gegen mein Wollen – wirklich zur Mitverschwörerin Papas. Sobald ich das merkte, hasste ich mich dafür. Sein Gesicht trug dann wohl den bekannten, weinerlichen, gequälten und wehleidigen Ausdruck. Doch gleichzeitig schaute etwas in ihm triumphierend und schadenfreudig hinter seiner dickgerandeten Beamtenbrille hervor. Ich spürte mich auch von ihm, von diesem Märtyrer, erwischt.

Es war furchtbar; es war schmutzig und schrecklich und hoffnungslos. Es war, wie auf einem verrückt sich drehenden Karussell angebunden zu sein. Nein, es war wie Sitzen auf einer Achterbahn mit irre sausenden Wagen, an denen man sich mit aller Kraft verzweifelt anklammern muss, um nicht ins Nichts geschleudert zu werden. Die liegende Acht ist das Zeichen für endlos, unendlich. So war es: Angst erregend, lebensgefährlich und ohne Ende. Ein in sich geschlossenes System, ein Familiensystem ohne Ausgang, ohne Möglichkeit zur Flucht, ohne Rettung. Der Bruder sprang ab und starb. Er zerschellte buchstäblich in der Tiefe.

Vor dem Verschwinden der Mutter, vor ihrem Ins-Wasser-Gehen, hatten wir Kinder grosse Angst. Was sollte dann aus uns werden? Die grosse Schwester erzählte mir oft dieselbe Geschichte. Mir kam vor, als leierte sie sie herunter, als müsste sie immer wieder Ohren finden, die (endlich!) hören sollten.

Einmal nachts, als Höhepunkt eines mörderischen Streits zwischen den Eltern, stürzte Mutter zur Tür in die Finsternis hinaus. Die grosse Schwester rannte ihr nach, suchte sie verzweifelt rufend im Nachbardorf, dem Mühlebach entlang, und fand sie nicht. Wie sie sich dann ratlos und erschöpft zur Haustür hineindrücken wollte, stand die Mutter im dunkeln hinter der Tür bereit, knallte ihr eine herunter und schimpfte sie eine Idiotin. Mutter hatte sich bloss im Garten versteckt, um ihre Lieben zu ängstigen.

Lange Jahre trug ich die Furcht in mir, Mutter wäre plötzlich nicht mehr da und hätte sich ertränkt. Viel später, auf einem Schulausflug, sah ich den Bach. In diesem harmlosen Wasser konnte man nur mit «gutem Willen» ertrinken. Diese Erkenntnis erfüllte mich mit Wut und Bitterkeit.

Du sollst Vater und Mutter ehren!

Mama betete mit uns Kindern: «Engelein, komm, mach mich fromm, dass ich zu dir in den Himmel komm!»

Bald lernte ich auch: «Unser Vater, der du bist ... und danken dir ...»

Gegen Weihnacht wurde periodisch auch die heilige und reine Mutter Maria aktuell. Und irgendwann wurde mir auch das Wort Empfängnis bekannt, ohne dass ich mir darunter konkret etwas vorstellen konnte und dass daraus eine «Frucht» entsteht und dass das alles unbefleckt geschieht und dass diese Frucht «Jesulein zart» heisst. Also ein Kind. Ich war auch ein Kind. Wenn es eine unbefleckte Empfängnis gibt, muss auch eine befleckte möglich sein. Sonst würden die Grossen das ja nicht speziell betonen. Also: eine Empfängnis macht Flecken. Ist schmutzig. Wer befleckt? Wer beschmutzt? Wen? Die Frucht? Ich war auch ein Kind, ich war auch empfangen. Aber bei uns war alles so schmutzig. Und Mutter war eine Drecksau, schrie Vater, und Vater war ein Schweinehund, schrie Mutter. Also war ich sicher nicht unbefleckt – empfangen. Und die Peitsche, das fühlte ich, war irgendwie dabei. Ich war mit der Peitsche empfangen, vielleicht. Alles war schmutzig, befleckt, alle waren schmutzig, befleckt. Ich war schmutzig, befleckt. Und es war ein Geheimnis, ein furchtbares, schweres Geheimnis.

Mein Vater-Bild, mein Mutter-Bild waren geprägt in mir. Nein, sie waren ich selbst, war ich doch Teil von Vater und Mutter, war ich also wie sie. Danken für die Qual, die Scham und den Schmutz.

Aber auch wir feierten Weihnacht. Dafür hatte ich ja Papa ein Geschenk vorbereitet.

«Alle Jahre wieder kommt das Christuskind,
kommt zur Erde nieder, wo wir Menschen sind.»

Ich hätte als Kind so gern gesungen. Aber du kannst nicht überall singen, wusste ich, es muss passen. Die Lieder, die um die Weihnachtszeit aus dem Radio tönten, wühlten mich aber auf, und Sehnsucht nach so etwas wie Harmonie, Frieden und Unbeflecktseindürfen erwachte mit Macht in mir.

Die von Mama in Szene gesetzten Weihnachtsvorbereitungen versprachen «alle Jahre wieder» ein grosses Fest. Wochenlang vorher durften wir Kinder nicht mehr das Herrenzimmer betreten. Die Idee des Herrenzimmers stammte wohl aus Mutters besten vor-ehelichen Jahren, während deren sie als erste «Kraft», wie sie sich stolz ausdrückte, in vornehmen Häusern die unentbehrliche, gutbürgerliche Bildung zuerst selbst genoss, um sie dann anwenden zu können. Ihre frühere Tätigkeit in Herrenhäusern strahlte sowohl auf ihre Beinahe-Herrenhaus-Führung als auch besonders und vor allem auf ihre erzieherischen Vorstellungen und die Hand-Habung ihrer Kinder aus.

Das Herrenzimmer also war tabu. Dazu brauchte sie es nicht per Schlüssel abzuschliessen. Sie hatte uns so in der Hand – wie sie es nannte –, dass wir nicht gewagt hätten, uns an der Türfalle zu vergreifen. Auch hier gab es Geheimnisse. Es wurde erwartet, dass jeder vor jedem versteckte, mit wieviel Hingabe und Vorfreude man seinen Beitrag zum Gabentisch an diesem Fest vorbereitete. Mama opferte sich ganz besonders auf. Von Papa erhielt sie regelmässig zu wenig Haushalt-Geld. Er hielt sie sogar so kurz (Mutters Formulierung), dass er über die fünf Franken, welche er ihr am Morgen vor dem Weggehen auf den Küchentisch zum Einkaufen legte, am Abend Rechenschaft verlangte und alle Ausgaben einzeln in einem kleinen, blauen Schülerheft verbuchte. Den noch vorhandenen Bestand der Waren pflegte er als ordentlicher Beamter ebenfalls zu kontrollieren und den entsprechenden Betrag im blauen Heftchen zu notieren und dann abzuhaken. Den eleganten, souveränen Haken habe ich, schon erwachsen, immer wieder ohne Erfolg nachzuahmen versucht. Erst viele Jahre später, in meiner Funktion als Unterrichtende, ist er mir gelungen.

Dank dem unvermeidlichen Training und auch mit Rotstift. So weit geht die unbewusste Identifikation mit denen, in deren Ob-Hut, unter deren Macht wir – einst hilflos – standen.

Mama benützte mich in ich weiss nicht wievielen Dingen als Vertraute, und so wusste ich auch Bescheid über diesen verbissenen Kampf zwischen den beiden, der Mama schliesslich zum Herrn Friedensrichter der Gemeinde marschieren liess. Natürlich galt meine Solidarität Mami. Ich fühlte Zorn über ihre Erniedrigung, und gleichzeitig schämte ich mich tief für beide Eltern.

Scham, Schmerz, Schande hiessen die Impulse, welche mich die Lektion gut lernen liessen:

«Lerne, lerne, damit du stark wirst!

Verdiene bald Geld und schau zu, dass du niemanden je brauchst. Niemand kann dich dann mehr demütigen!»

Aber die Lektion tat auch kund:

«Männer sind gemein, aber sie sind mächtiger. Du tust gut daran und du wirst besser überleben, wenn du dich nach ihnen richtest. Weiblich sein ist ein Makel. Schau zu, dass du dich ihrer Welt beigesellst. Was weiblich ist, bringt Befleckung und Leiden.»

Später, in der Schule, wurde ich diesbezüglich noch literarisch-philosophisch ge-bildet: «Der Starke ist am mächtigsten allein.»

Obwohl das Schillersche Schauspiel im Unterricht, im Fach Deutsch, mehrere Wochen «gekostet» hatte, war kein Lehrer wach genug, die Klasse dafür wach zu machen, dass Stärke mit Macht nicht identisch und dass «ein Mächtiger allein» ein vereinsamter, reduzierter, ungeliebter Mensch ist.

Kartoffelsalat und Wiener Würstchen

Familienweihnacht rückt näher. Die Spannung steigt. Spannung ist Gefahr. Da ist sie wieder: die Angst, die *Angustia*; die Enge hockt über dir, drückt dich zusammen. Du kannst nichts tun, sie lähmt, macht starr, erstickt. Mamas Betriebsamkeit zunehmend hektisch. Grosses Durcheinander im Haus. Unruhe. Diskussionen, ob sie kommen. Noch kein Streit. Mama oft unsichtbar. Papa sichtbar nur noch bei Tisch. Nein, man sieht ihn nicht. Er isst, sein Gesicht hinter der Zeitung versteckt. «Der Bund», buchstabiert das Kind. Die Zeitung muss stets neben seinem Teller liegen, links. Ich darf nicht vergessen, sie aus dem Briefkasten innen an der Haustür zu holen, hinzulegen, genauso wie ich die Hausschuhe, die «Schlappen», bereitlegen und ihm den Regenschirm abnehmen muss, falls es schneit oder regnet, ihn aufspanne, dort, wo niemand darüberstolpert und es keine Flecken gibt. Die weisse Stoffserviette – Damast, sagt Mama – liegt im braunen Papa-Holzring zusammengerollt rechts. Niemals links, denn Papa fasst doch die Serviette rechts, und die linke Hand hält den Ring in der Rundung zwischen Daumen und Zeigefinger fest, damit die rechte Hand, weiss und gepflegt, die weisse Serviette herausziehen kann, bevor er sie dann aufschüttelt und einen Zipfel davon im Gilet-Ausschnitt über dem Bauch zwischen den Hosenträgern einsteckt.

«Du darfst bei Tisch nicht reden! Kinder müssen schweigen am Tisch und die Erwachsenen reden lassen.» Was Kinder sagen wollen, ist unwichtiges, dummes Zeug. Aber auch die Grossen schweigen finster. Ich halte mich still. Ich muss aufpassen, dass das Mittagessen nicht explodiert.

Der Heilige Abend bricht an. Er bricht schon am Morgen an, wenn Mutter mich weckt. Ich habe das nie verstanden und nie jemanden danach gefragt. Man darf den Grossen nicht Fragen stellen, die sie nicht beantworten können und die deshalb dumm und unwichtig sind. Ich stehe den ganzen Heiligen Abend herum. Ich bin jetzt gerade überflüssig, weggehen ist nicht erlaubt, wohin auch? Mama könnte mich brauchen, sagt sie. Ich muss ihr zur Hand sein.

Zu helfen gibt es später beim Tischdecken. Eigentlich ist Weihnacht Mamas Fest, fühle ich. Wir andern sind Statisten.

Irgendwann kommen *sie* dann: Papa, Grossmama und die Tante. Ich staune über die elegante Sicherheit der beiden Damen. Sie macht mich noch kleiner und nichtiger. Es gibt kein Versteck. Auch nicht unter Mamas Schürze. Die Gäste werden erst nach Weihnachten wieder wegfahren, denn am Fest der Liebe sind richtige Familien zusammen.

Es handelt sich hier auch um eine richtige Grossmutter und eine echte Tante, nämlich Papas Mama und seine Schwester, beide ohne Mann, wie ich erstaunt registriere. Über beide habe ich mir schon früh durch widersprüchliche und verwirrende Erzählungen und Kommentare vor allem von Mama und durch eigene Beobachtungen faszinierende und beunruhigende Bilder gemacht. Bilder, die sich nicht decken wollen.

Meine Eltern gehörten zwei sich befehdenden Lagern an. Das manifestierte sich bei bestimmten Gelegenheiten. Im «Normal»-Alltag hätten Aussenstehende nichts davon gemerkt.

Das eine Lager bestand aus Papa und seinen Verwandten oder seiner Clique. Papas Verwandte waren vornehmer. Darauf weist bereits der französische Ausdruck «Clique» hin. Davon zeugen auch andere Indizien, wovon das überzeugendste Mamas Hass und Zorn auf diese Clique war. Er entlud sich nur anlässlich emotionaler Höhepunkte, blieb ansonsten verbrämt durch gegenseitige Geschäfte wie Mamas Kauf von getragenen, aber tadellos gepflegten, natürlich geschmackvollen und wie neuen Kleidern, oder gebrauchten, aber wertvollen Möbeln. Oder umgekehrt, Mamas Lieferungen von Eiern und andern in unserm Garten erzeugten Produkten und – während des Krieges – von Lebensmittel- und Kleiderrationierungsmarken, deren wir Kinder sowieso zuviele hatten, wie Mama entschied.

Was von der Basler Verwandtschaft zu uns nach Bern gelangte, hatte Wert. Das Viele, welches von Bern per Postpaket oder auch mittels Papas Kurierdiensten zu «den Baslern» ging, war, wie die häufige Wiederholung bewies, sehr willkommen. Dabei handelte es sich aber ausnahmslos um einen rein materiellen Güterstrom und nicht um höhere – sagen wir – kulturelle Werte. Dieses Wertgefälle liess Mama uns fühlen, und ihr unterschwelliger Hass verunsicherte um so mehr, als er ja anscheinend gar nicht *wirklich* existierte. Wieso hätte sie sonst bei Papas Guter-Sohn-Allüren mitgespielt und sich selbst übertroffen im Zusammenstellen von Beinahe-Liebesgaben-Paketen, die paradoxerweise den Beweis für den Minderwert unserer Familie lieferten? Warum die gegenseitigen freundlichen Briefe, welche Mama uns ausnahmslos vorlas, emphatisch und oft mit Tränen seelischen Bewegtseins bei besonders schönen Stellen, fanden wir Kinder doch regelmässig darin erzieherische Erwähnung?

Wer wollte bei wem in diesem Ringelreihespiel Liebe kaufen?

Vor Grossmama fürchtete ich mich. Grossmama kniff die Augen und den Mund zusammen, dass ihre Nase sich in lauter Längsfalten legte und das restliche Gesicht aus drei waagrechten Strichen bestand. Ich fühlte mich schutzlos und eigenartig von ihr durchschaut, wenn sie ihr kritisches Interesse mir zuwandte. Verkriechen! Angst! Ihr Blick bewies mir meinen Unwert, und ich wusste, dass ich schuldig war. Schuld woran? Die grosse Schwester aber liebte sie. So machte ich mich an jenem Heiligen Abend, der sich mir besonders eingebrannt hat, nach dem Motto «Keine(r) zu klein, Helfer(in) zu sein» mit Tischdecken nützlich. Das weisse Tischtuch – Damast, sagte Mama – über dem Molton glattstreichen, die Teller vom «schönen Geschirr» zwei Zentimeter vom Tischrand, die Gläser – Kristall, sagte Mama – rechts vom obern Tellerrand, dicht dabei die Messerbänklein aus dreikantigem Glas, Messer rechts, Schneide nach innen, Gabel links, Zacken nach oben, halbgrosser Löffel oben am Teller quer mit Griff nach rechts, denn man wird ihn mit der rechten Hand, mit der richtigen Hand, anfassen. Alle Bestecke – Silber, sagte Mama – in passendem Abstand vom Teller und ja nur bei den Griffen anfassen, sonst ... Die Serviette einmal längs gefaltet auf dem Teller. Die Tischordnung beinahe wie an den Mittagessen gewöhnlicher Tage:

Papa allein oben am rechteckigen Tisch. Im Uhrzeigersinn auf der Längsseite Mama, dann ich, die Kleine, damit Mama mir behilflich sein konnte oder mich zur Hand hatte, je nach ihrem Bedarf. Unten am Tisch der Bruder und ausnahmsweise daneben die grosse Schwester. An der andern Längsseite die beiden neu dazugekommenen Hauptpersonen des Familienspiels.

Wie immer am Heiligen Abend assen wir Kartoffelsalat und Wiener Würstchen. Der halbgrosse Löffel oben am Tellerrand war für das Kompott mit Früchten aus dem Garten reserviert.

Solche Rituale in einer Familie – und wenn es sich nur um Kompott, Wiener Würstchen und Kartoffelsalat handelt – geben vermeintlichen Halt und vermitteln ein Gefühl von Sicherheit. Sie sind Teil der Rollen, in welchen die einzelnen Spieler sich bewegen. Veränderungen, Kritik oder sogar Verweigerung dieser Regel-Rituale durch einzelne Beteiligte gefährden sehr das labile Gleichgewicht. Jede(r) hält so jede(n) der eigenen schwankenden Sicherheit wegen bei der Stange, und die Zustände perpetuieren sich.

Da wie immer an Weihnacht sogar Wein auf dem Tisch stand, den Papa aus seinem mit Walzenschloss verriegelten Gestell im Luftschutzkeller geholt hatte, wurde er aufgeräumt. Er erzählte seiner Mutter und seiner Schwester die einzigen beiden Jungenstreiche, die er sich wohl als Kind geleistet hatte und die ich durch die Jahre meiner Kindheit in unveränderter Auflage mehrmals von ihm gehört hatte. So kannte ich die Geschichten genau. Sie waren jeweils begleitet von seinem glücklich-schadenfrohen Grinsen und endeten in einem glucksenden, nach innen gewandten Lachen, seinem Ausdruck von Gemütsbewegung, dessen er selten fähig war.

In reinstem Baseldeutsch erzählte er:

«In der Stadt Basel wurden damals alle Strassenzüge mit Gas beleuchtet. Die Ampeln waren auf hohen Ständern befestigt, und bei Einbruch der Dunkelheit war der Gasmann unterwegs und entzündete mit Hilfe einer langen Stange die Lampen. Wir Buben machten uns den Spass, an den Ständern hinaufzuklettern und die Lichter auszulöschen. Einmal jedoch wurden wir vom Gasmann überrascht, wie ich zuoberst an der Stange hing. Zornig rief er hinauf: "Komm runter, du Lausebengel!" Und ich rief keck und frech hinunter: "Komm doch du rauf!"»

Und dann erzählte er die zweite Geschichte, von den Eisblöcken, die damals zum Kühlen der Esswaren in Restaurants und Hotels verwendet wurden. Solch einen Eisblock schleppten die Jungen die gewundene Treppe eines Mehrfamilienhauses in Klein-Basel hoch, banden ihn an einer schwachen Schnur fest, deren anderes Ende an der Türklinke einer Wohnungstür befestigt wurde. Sie drückten nun die Klingel, und damit sie nicht zu läuten aufhörte, steckten sie gleichzeitig seitlich des Klingelknopfs eine Stecknadel hinein, die sie abbrachen, sobald die Klingel in Betrieb war. Dann rannten sie wie die Gejagten die Treppen hinunter und aus dem Haus. Über das kontinuierliche Klingeln erbost, stürzte die Wohnungsinhaberin zur Tür, riss sie auf, und der Faden, an dem der grosse Eisblock in schwebendem Gleichgewicht hing, zerriss, und das Ungetüm rutschte und schepperte mit zunehmender Geschwindigkeit die Treppen aller Stockwerke hinunter, nicht ohne – entsprechend den physikalischen Regeln – erst die Richtung zu wechseln, nachdem es mit Wucht gegen die jeweils sich anbietende Wohnungstür geprallt war.

Mehr als das schadenfreudig-glückliche Grinsen mochte mich kleines Mädchen das intuitive Verstehen erschüttert haben, dass diese Böse-Buben-Streiche ein armseliger Protest gegen Dressur und Unterwerfung gewesen waren. Aber Papa stiess mich ab. Es erschreckte mich, dass er erst lebendig wurde, wenn er in der Vorstellung und Erinnerung jemandem Schaden zufügte.

Natürlich lachten alle. Aber meine Zustimmung hatte nicht er, sondern sie war als Mitgefühl bei denen, über die er so hämisch lachte. Wie hätte ich als Kind dieses intuitive Wissen bewusst wahrnehmen können? Es trennte mich aber von den andern, und ich rutschte gelenkig und leise unter den Tisch. Da war niemand. Nur Beine standen und hingen im dunkeln um mich herum, von den Körpern eigenartig abgetrennt durch Tischkante und Tischtuch. Die Stimmen klangen gedämpft, entfernt und weniger bedrohlich, und ich genoss das vertraute Gefühl von «Niemand merkt, dass du da bist».

Möchtest du einen Apfel?

In der Mahagonivitrine im Herrenzimmer lagen die kostbarsten Gegenstände des Hauses hinter Glas unter Verschluss. Bei guter Stimmung nahm Mama einzelne davon heraus, und ich durfte sie bewundern und berühren: den Operngucker, mit Schildpatt verziert – Schild*platt*, sagte Mama –, und den andern mit dem attraktiven Motiv der verliebten Schäferin, zwei niedliche silberne Mokkatässchen mit Untertellerchen, eines davon mit Sprung im eingelegten Porzellanschälchen. Die beiden gehörten mir und waren ein Geschenk der Patin, die ich nie zu Gesicht bekommen hatte, einer Freifrau von Giese. Wenn Mama diesen Namen unter feierlicher Betonung der einzelnen Silben aussprach, schwang etwas wie Stolz, Unterwürfigkeit, Ehrfurcht und dunklem Wissen mit. Das gemischte, unklare Gefühl übertrug sich auf mich, war ich doch Mamas getreuer Spiegel. Diese verschollene Freifrau von Giese lebte in meiner kindlichen Phantasie als gute, reine Fee weiter, die mich liebte. Den Beweis ihrer Liebe und Wirklichkeit gaben nicht nur die beiden Tässchen, die so gar nicht in die Umgebung passten, in der sie Jahr und Tag standen und von einer andern Welt zeugten, sondern war auch eine grosse, wunder-wunderschöne Puppe mit echtem Haar und aufklappbaren Augen, die allerdings nie etwas zu sehen bekamen, da Mama auch diese meine Puppe im Kleiderschrank des elterlichen Schlafzimmers verpackt unter Verschluss hielt.

Im Mahagonischrank auf den Löwenfüssen – handgeschnitzt, sagte Mama – stand auch ein metallenes Glöcklein mit ziseliertem Griff, das am Heiligen Abend vom Christkind geläutet wurde. Wenn dieser mystische und feierliche Augenblick eintrat und das Gebimmel draussen vor der Esszimmertür ertönte – Mama kam dann ganz aufgeregt hereingestürzt und rief: «Habt ihr gehört, es hat geläutet?!» –, hatte sich die Tischrunde zu erheben, ins Spiel einzutreten, ich unter dem Tisch unauffällig hervorzukriechen, und alle mussten freudig-erwartungsvoll-erregt ins Herrenzimmer hinüberwechseln. Das gehörte zum Drehbuch, wie auch der grösste, grünste, üppigste, beleuchtetste, geschmückteste Baum, der ausladend, bis zur Zimmerdecke reichend, die glitzernde Spitze eingerechnet, im Lichte der Kerzen schimmernd dastand. Dieser Superlativ war ein Muss in Mamas Vorstellung. Denn sie erlebte Weihnachten aussen, nicht innen.

Es war nicht die Illusion der Gemeinsamkeit, das zur Schau gestellte Zusammengehörigkeitsgefühl, was mich in solchen Momenten an eine heile Familie glauben liess, sondern es waren die vielen warmen und lebendigen Kerzenlichter in ihrem sanften

Leuchten. Sie verscheuchten für eine kurze Weile das Dunkle, Verunsicherte, Verschüchterte und Verängstigte in mir.

Wir wollten brave Kinder sein, nicht solche, von denen ich früh in einem Gedicht gehört, das ich auswendig gelernt und verinnerlicht hatte und in dem es hiess:

«Christkindlein sprach: "Hast denn die Rute auch bei dir?"
Ich sprach: "Die Rute, die ist hier,
doch für die Kinder nur, die schlechten,
die trifft sie auf den Teil, den rechten."
Christkindlein sprach: "So ist es recht.
So geh mit Gott, mein treuer Knecht!"»

Ich liebte dieses Gedicht. Es klang nach Musik. Es reimte sich. Ich konnte mich in seinem Rhythmus wiegen. Aber es beunruhigte mich auch. Mit der Rute, die so dick ist, wenn man sie in der Hand hält, kann man doch gar nicht richtig zuschlagen.

Mit dem Lineal auf die Finger geschlagen, wie in der Schule, tut doch mehr weh.

Wenn Mama mich beim Zöpfeflechten so sehr rupft, springen mir doch auch die Tränen in die Augen.

Warum ist wohl *der* Teil der rechte? Und welcher Teil ist der rechte? Und was ist recht?

Und warum ist Gott lieb, wenn er mit dem Knecht Ruprecht geht, der den Kindern Angst und Schmerz bringt?

War ich auch ein schlechtes Kind? Ich war eines, das wusste ich klar. Das hatte ich gelernt. Also, folgerte ich: Wehtun ist Liebe. Und treu bin ich, wenn ich tue, was der andere von mir will. Der andere ist Mama und Papa. Treu sein ist gut. Ich will gut sein, sonst liebt Mama mich nicht.

Das Christkind, das seinen Schergen mit der Rute ausschickt und in süssen Worten seinen Knecht lobt, war ein Widerspruch in sich. Aber das merkte ich nicht. Mit zu vielen Widersprüchen hatte ich tagtäglich zurechtzukommen, so vielen, dass meine Fähigkeit nicht wachsen konnte, widersprüchliche Haltungen, Befehle, Wünsche dieser Erwachsenen, denen ich widerspruchslos Folge leisten musste, wahrzunehmen.

Heute aber, wenn ich ein Kind frage: «Möchtest du einen Apfel?» und es mit leiser Stimme und niedergeschlagenem (nieder-geschlagenem!) Blick antwortet: «Ich weiss es nicht», steigt es heiss in mir hoch, und mein Herz fliegt diesem Kind entgegen, das ich so gut kenne. Ein Kind, das man so sehr zum Objekt gemacht hat, dass seine Antwort «Ich weiss es nicht» die Wahrheit geworden ist.

Divide et impera!

Eine Rute ist nicht unbedingt erforderlich. Ein Teppichklopfer, schön biegsam und elastisch, tut es in kundiger Hand zur Not auch.

Eine Szene mit der grossen Schwester habe ich noch in Erinnerung, in der Art, wie manches in meinem Innern weiterlebt.

Ich *sehe* mich «selbst» auf der Bühne in Szene. Mein wirkliches Selbst hat sich auf Distanz geflüchtet, ist sozusagen aus meinem Körper entwischt und schaut zu. Dieses Spalten meiner Person rettete mich damals aus meiner sonst unerträglichen Angst.

Mein Selbst schaut zu, wie die Schwester im Hausgang rücklings auf dem Boden liegt, strampelt und um sich schlägt, schreit, heult und einen fürchterlichen Lärm vollführt, sieht Mutter über ihr mit Teppichklopfer, Händen, Füssen sie traktieren, fuchsteufelswild und mit wutverzerrtem Gesicht und ebenfalls schreiend. Mein Körper kauert auf dem Treppenabsatz, und es denkt in mir: «Warum tut denn die Schwester so blöd?»

Ich *musste* für die schlagende Mutter Partei ergreifen, die Angst vor ihr hätte mich sonst erstickt. So dreht sich die Wahrheit im hilflosen Kind um: Die Täterin wird zur armen Mutter mit dem bösen Kind, und das Opfer ist an seinem Elend selber schuld. Dieser Mechanismus half mir unter diesen extremen Bedingungen zu überleben. Ich fühlte wie Mutter, ich war wie Mutter. Mutter war die Täterin, und so brauchte ich nicht bewusst Opfer zu sein.

Als ich grösser wurde und aus dem Familienghetto heraus in eine Welt eintrat, in der ich hätte realitätsgerecht empfinden, reagieren und *handeln* sollen, blieb ich gelähmt und wie blind: In meinen Feinden suchte ich meine Freunde; dort, wo die Liebe nicht zu finden war, wollte ich sie mit meiner ganzen Kraft wecken. Die wirklich zur Liebe fähigen Menschen, die mir sicherlich auch begegnet sind, vermochte ich nicht zu erkennen.

In einem gepflegten, guten Haus wie dem unsrigen – sagte Mama – war also ein besonderes Instrument zur Züchtigung nicht erforderlich. Offenbar hatte die Reitpeitsche im Schlafzimmer einen anderen Stellenwert und fiel nicht unter die Kategorie Züchtigung. Und wer hätte schon hinter dem Auftreten meines Vaters solches vermutet, fuhr er doch als Rechnungsrevisor auf der Hauptbuchhaltung der Generaldirektion erster Klasse zur Arbeit und ging nicht schlurfenden Schrittes, wie der südwestlich unseres Gartenzauns wohnende Nachbar, seinem Broterwerb als Magaziner nach.

Erst viele Jahre später, in meiner Aufgabe im Personalbereich einer grossen Fabrik, wo ich entsprechend den drohend gemeinten und vernichtenden Prophezeihungen des Vaters schliesslich gelandet war, begann ich zu merken, was die Mutter mit ihren herabwürdigenden Kommentaren erreicht hatte: Zielgerichtet isolierte sie uns Kinder von den nächsten Menschen unserer Umgebung, den einzigen, die uns zugänglich gewesen wären. «Divide et impera» lernte ich dann im Lateinunterricht. Aber dieses «Teile und herrsche» füllte sich für mich nicht mit Sinn. Dass es mir selbst geschehen war, blieb noch für lange Zeit un-bewusst.

Mutters Urteile über andere Leute führten auch in mir gleichsam ein Eigenleben, standen mir später im Leben, auch im Umgang mit «Magazinern» im Betrieb meines Arbeitgebers, in der Quere. Der Trick war einfach, aber von einem Kind nicht zu durchschauen: Mutter hob sich selbst empor, indem sie andere heruntermachte.

«Das sind ja ganz primitive Leute: Der kann ja nicht einmal seine Füsse heben beim Gehen. So ein "Schlurfi"! Wenn der sein Maul auftut, kann man nicht einmal verstehen, was er babbelt. Er wird wohl nichts zu sagen haben. So ein mieses Männchen.» Auch den Hass gegenüber dem Männlichen, dem sie so Ausdruck gab, schlürfte ich ahnungslos in mich hinein.

«Und die Alte: Mit solch einem Kropf würde ich mich schämen, mich auf der Strasse zu zeigen. Die kommt mir in ihren "Schlarpen" wie eine Glucke vor. Und wie sie mit ihrer krächzenden Stimme dem

Hund ruft! So ein hässlicher Bastard! Und jetzt haben sie das arme Tier noch sterilisiert. Dann hört sie noch schlecht und ruft ständig "He!". Wenn man schon in solchen Verhältnissen lebt, sollte man nicht noch vier Kinder in die Welt setzen: diese Faschisten!»

Bei uns war alles anders, besser, höher, angesehener. Dafür hatten besonders wir Kinder zu sorgen. Mutters Ehrgeiz war unser «Motor».

Auch auf der nordöstlichen Gartenzaunseite waren Kontakte tunlichst zu vermeiden. Jenseits des Zauns lebten nämlich zwei gegengeschlechtliche Leute, die verschiedene Namen trugen! Ohne sich genauer auszudrücken, machte uns Mama klar, dass mit denen etwas nicht stimmen konnte. Also nie nahe zum Zaun, wenn sie sich blicken liessen: Kopf abwenden bei möglichem Blickkontakt! In der westlichen Gartenecke dieses Paares stand aber ein wundervoller Prunus-Baum, jedes Jahr behangen mit dunkelbraunen, aprikosengrossen, runden und saftigen Früchten. Ich bediente mich jeweils ausgiebig. Es war kein Diebstahl. Solchen Leuten geschieht es recht, wenn andere sich an ihnen schadlos halten. Mutter erhob nur pro forma Einspruch gegen unsere «Nascherei».

Auf der Südostseite grenzte das Grundstück an das Areal der katholischen Kirche, deren Entstehung ich als kleines Mädchen miterlebt hatte wie auch den

Bau des dazugehörenden Pfarrhauses, anschliessend bewohnt vom würdigen Pfarrherrn, seiner Köchin und deren Untertaninnen im Hühnerhaus. Die Glocken zäsierten und markierten fortan meinen Kinderalltag, und die pfarrherrliche Nachbarschaft animierte Mutter zu Kontakten und Kommentaren, in welche sie auch uns Kinder auf ihre Weise «integrierte».

Das Opfer ist schuld

Hier hebt sich zum ersten Mal ein klares Bild des Bruders aus dem Familienporträt heraus, scharf und in grellen, schmerzenden Farbtönen.

Im Gegensatz zu mir, die ich ohne Freundinnen war, hatte mein Bruder in der Nachbarschaft drei Buben zur Hand, den Heinz, den Christian und oft den kleinen Hanseli, Heinzens jüngern Bruder. Für das Versprechen «Du bist dann der liebste Mensch auf der ganzen Welt» konnte Heinz vom Kleinen jede Dienstleistung erpressen. Der Grössere genoss seine Macht über den Kleinern und machte sich doch über ihn lustig. Das Oben-unten-Prinzip funktionierte auch in dieser Familie. Mich benötigten sie bloss für seltene Doktorspiele, bei denen es mir ganz mulmig wurde, oder wenn im Spiel der «vierte Mann» fehlte.

Ob jener besondere Tag in meiner Erinnerung nie verblasst ist, weil Mamas dramatisch gesteigerte Erzählung mit regelmässiger genüsslicher Wiederholung der «Pointe» das Ereignis unvergesslich machte? Das Bild:

Der Bruder steht auf den nackten, weiss-grau karierten Zementfliesen des Korridors, von wo alle Türen zu den Räumen des Hauses öffnen. Ich sehe mich auf der Treppe sitzen. Aus leicht erhöhter, sicherer Distanz beobachte ich die Szene. Der Bub steht mit hängenden Armen still da und lässt sich von Mami abtasten und das Rot abwischen, das unaufhörlich als Rinnsal unter seinem blonden Haar hervorsickert, über sein Gesicht herunterläuft, auf den Boden tropft und die Fliesen blutig verschmiert. Mami wischt, lamentiert, gestikuliert, entsetzt sich, und er sagt leise: «Mami, das war eine schöne Himmelfahrt.»

Er hätte schon damals sterben können.
Schon damals tat er den Fall in die Tiefe, ins Nichts.
Schon damals war es, wenn schon, seine Schuld.
Schon damals wusste er das.
Denn seine Worte sagten ihr viel. Aber sie hörte sie nicht.

Er sagte zu ihr: «Sei nicht böse! Schimpf bitte nicht! Siehst du, es war schön, es war wie in den Himmel fliegen.»

Er sagte: «Du bist nicht schuld. Ich bin ein dummer, kleiner, schlechter Junge und habe nicht auf mich aufgepasst. *Ich* bin schuld.»

Er sagte: «Leben macht schrecklich Angst. Es tut so weh. Es wäre gut gewesen, in den Himmel fliegen zu können.» Er sagte: «Oft ist leben so schwer, dass ich falle.»

Immer habe ich daran herumgerätselt, wie sich für meinen Bruder der Sturz in die Tiefe in eine Fahrt zum Himmel hat verwandeln können. Jetzt weiss ich: Der Sturz in die Tiefe heisst sterben dürfen. Sterben dürfen heisst der mütterlichen «Liebe» entkommen, heisst nicht mehr leiden. «Engelein komm, mach mich fromm, dass ich zu dir in den Himmel komm!» War dieses Gebet denn Lüge?

Wenn ein Kind die Eltern ent-schuldigt, es sie freispricht von Verantwortung, hat es bereits einen einsamen, *innern* Weg getan, lange bevor es wie mein Bruder den äussern eines kleinen ABC-Schützen (welch krankes, falsch klingendes Wort!) angetreten hat.

Fünfundzwanzig Jahre später benützte ich in meinem Unterricht im Fach Versicherungstheorie ein obligatorisches Lehrmittel. Darin stand richtig: Unfälle geschehen nicht, sie werden gebaut. Unfälle sind keine Zufälle.

Wie denn? Der kleine Junge steigt im Beisein seiner gleichaltrigen Kameraden auf die Deckenbalken im bald beendeten pfarrherrlichen Neubau, stürzt in den Keller ab, kehrt taumelnd, schwer verletzt, allein nach Hause zurück und *tröstet* seine Mutter.

Nie habe ich jemanden die Frage nach Mutters Verantwortlichkeit stellen hören. Sie aber, die ihr Kind «vergessen» hatte und über seine Sicherheit nicht wachte, verstand es, aus dem Unfall für ihre Machtposition Nutzen zu ziehen. Verurteilte sie doch die kleinen Freunde meines Bruders, nannte sie dumme Jungen, die sich feige davongemacht hätten, und schimpfte über deren miserable Eltern, die ihre Kinder nicht zu erziehen wüssten. Sie selbst verursachte damit den grössten Schaden. Sie isolierte ihr Kind zusätzlich, das unter Schock stand und lange im Bett liegen musste, und schloss ihm Türen, die es allein nicht mehr zu öffnen vermochte.

Die tiefste Frage wage ich kaum zu stellen:

Fühlte der Junge diese Haltung ganz dunkel in seinem Innern und kam er un-bewusst seiner Mutter entgegen dadurch, dass er sich selbst in eine Situation brachte, vor deren Gefährlichkeit ihn auch sein eigenes innerstes Gefühl hätte warnen müssen? Vielleicht hatte auch sein kleines, verletztes Ich schon solchen Schaden gelitten, dass er sich den vermeintlichen, für ihn lebenswichtigen Respekt und das Interesse seiner Kameraden auf diese Weise unbewusst zu erhalten hoffte.

Und nie werde ich wissen, ob der schlimme Sturz in seiner Erinnerung haften blieb als Hauptprobe zu seinem viel späteren Flug über hundert Meter in die Tiefe.

Ich meine, die Haltung der Mutter ist vergleichbar meinem Erlebnis mit ihr ohne sichtbare «Folgen»: Ich verlor Mutter im Menschengewühl vor einem grossen Warenhaus. Verzweifelte Angst packte mich, und in Panik irrte ich umher, bis ich Mutter wiederfand. Der Vater zwar kommentierte, als sein Sohn vom Psychiater als krank diagnostiziert wurde: «Es ist nur seelisch.» Ich aber weiss, die seelische Verletzung und Verkrüppelung eines lebendigen Geschöpfes ist die schlimmste. Auch unserem Vater ist diese Verkrüppelung angetan worden. Hätte er das erkennen und wissen dürfen, hätte er den Schmerz darüber nicht ertragen. Seine «Rettung» war naheliegend und total wirkungsvoll: *Es ist nur seelisch.*

Wenn in einem grossen Warenhaus aus dem Lautsprecher tönt: «Ein Kind mit Namen ... hat seine Mutter verloren, sie möchte es bitte beim Kundendienst abholen!», dann empfinde ich bitter die verrückte Verdrehung des Geschehens durch alle erwachsenen Beteiligten. Die *Mutter* hat das Kind verloren. *Sie* merkt nicht, dass es fehlt. *Sie* ist die Verantwortliche. *Sie* müsste ihr Kind am Lautsprecher ausrufen lassen und suchen, denn *ihr* müsste es fehlen. Auch hier gilt: Das Opfer ist schuld.

Nichts ist, was es ist

Bilder und Vergleiche helfen Situationen und Wahrheiten erkennbar und anschaulich zu machen, ohne oft verwirrende und verfälschende Worte. Dieses Familienporträt mit seinem dunklen Rahmen lässt sich mit einem von einem Zaun umschlossenen Tümpel vergleichen, in dem, von Schlick und Wasser gnädig zugedeckt, allerhand Gerümpel, verfaulende Teile, spitze Splitter, explosive Stoffe, giftiger Müll herumliegen, herumschwimmen oder herumschweben.

Von diesem Wasser aber mussten wir alle trinken. Und niemand wusste, wann es jeweils geschah. Zum Beispiel auch an jenem Heiligen Abend nicht.

Alle taten als ob, als ob das Wasser nicht trübe und gefährlich gewesen wäre, sondern klar, heilend und gut. Man schlürfte, und schon hatte jemand etwas im Hals, würgte, spuckte Gift, kotzte, schrie, beschuldigte.

Das begann harmlos. Alle Teilnehmer der «glücklichen Familie» sassen um den Frieden verbreitenden Lichterbaum herum. Auch die Weihnachtslieder im Radio mit «O Tannenbaum» und «O du fröhliche» und «Kommet, ihr Hirten» und «O Jesulein zart» bemühten sich um wohlwollende Schwingungen.

Vater, der Herr, hatte mit übereinandergeschlagenen Beinen im bequemsten Sessel, den das Haus bot, Platz genommen. Es war ein riesiger, aus einem Herrenhaus stammender, von abgewetztem, braunem Leder überzogener Fauteuil, den ich als gute Tochter später jahrzehntelang pietätvoll gehütet habe. Die dickrandige Brille diente Papa als legale Tarnung für das, was er vielleicht zu fühlen vermochte, denn seine Augen konnten weniger lügen als der Mund, den er in Gesellschaft anderer Leute meist zu einem dünnen Lächeln verzog. In ordentlichem Abstand vom Baum sassen dekorativ die beiden Damen, nur Mamas Platz war nicht definiert, denn sie blieb kaum je still. Wir Kinder hockten am Boden.

Weihnachtsfeste werden meist für Kinder oder Menschen, die man für kindisch hält, inszeniert, und die Erwachsenen geraten sozusagen über die Gefühle der Kinder in seelische Schwingungen. Solche Gefühle, an sich gefährlich, weil schwer kontrollierbar, können an einem Heiligen Abend die Leute überschwemmen und bringen in einer Familie wie der unsrigen den Tümpel mit all seinem Unrat zum Überlaufen.

Ein nachtragender Satz, der im Wasser herumschwamm, ein vor-vor-jähriger Vorwurf, den die

Tante mit falschem Lächeln herausfischte, der giftige Stich einer Nadel, die Mutter im Hals steckengeblieben war, und den sie nun der im Augenblick unverteidigt geglaubten Schwiegermutter weitergab, Papas Selbstmitleid, das ständig an die Oberfläche trieb und Mama reizte – das alles hätte sogar das Licht der fünfundzwanzig Kerzen, von Mama gezählt und von Papa der Verschwendung wegen kritisiert, zum Zittern gebracht.

Auch ich zitterte innerlich. Doch ich wollte Weihnachten retten, und ich tat es auf meine mir mögliche Weise. Ich bewunderte gebührend die Geschenke. Durch langsames, geduldiges Aufschnüren der Bänder, ihr Zusammenwickeln und Binden; durch sorgfältiges Entfalten und Glattstreichen des Geschenkpapiers und gekonntes, genaues Zusammenfalten und Weglegen zeigte ich den mich beobachtenden Erwachsenen, welch gutes Kind ich sein wollte, wie folgsam, wie dankbar, wie gelehrig, wie wohlerzogen von Mama.

Es war meine stumme Bitte um Besänftigung, um Frieden. Aber stumme Bitten wurden bei uns und werden auch anderswo in dieser Gesellschaft kaum gehört. Trotz der Geheimniskrämerei kannte ich den Inhalt der meisten Geschenke, und mit meiner gespielten Überraschung machte ich eine Konzession an die Einbildung und die Lügen der Erwachsenen. Denn die Bedürfnisse an Gebrauchsgegenständen waren lange vor Weihnachten von Mutter abgehandelt worden, und die Geschenke der Paten und Patinnen – auch der meinen, denn ich hatte im Abwesenheitsverfahren anstelle meiner Fee-Patin Freifrau von Giese eine sogenannte Schlottergotte erhalten – waren das Resultat sorgfältig geschriebener oder gezeichneter Kinderbriefe.

Zur Wohlerzogenheit und Charakterbildung gehörte das Teilen. Das hiess praktisch: Die Tafel Schokolade, für die ich durch Küssenmüssen und Handgeben gedankt hatte, gehörte nicht mir, sondern allen. Meinen Ball, schön, rund und neu, durften alle herumwerfen. Der Lebkuchen mit der Schrift «Lotti» aus Zuckerguss, den die Nicht-Onkel-Tante aus dem Simmental geschickt hatten und der in meiner Kleinkinder-Erinnerung riesengross hinter den Krippenfiguren unter dem Baum angelehnt stand, war für viele Wochen zum Anschauen und dann erst zum Essen für alle da. Wir Kinder sollten lernen, unsere Begierden zu zähmen, uns zu gedulden und zu warten. Der Riesenlebkuchen musste schliesslich nach Wochen geduldigen Ausharrens einen so anziehenden Eigenduft entwickelt haben, dass Fineli, die geliebte Katze, ihn mit dem Pissoir verwechselte. Also galt unter dem – beinahe möchte ich sagen hochkarätigen – Lichterbaum die Regel und hiess die verwirrende Lektion:

Was ist, ist nicht. Was gilt, gilt nicht. Mein ist nicht mein. Wahr ist nicht wahr. Ehrlich ist nicht ehrlich.

Liebe ist nicht Liebe. Geschenke waren auch nicht echte Geschenke. Und da uns Kindern in Wahrheit nichts Eigenes gehörte, waren unsere Hände leer. Nicht einmal unsere Liebe konnten wir wirklich schenken, denn auch sie war Schuldigkeit den Eltern gegenüber. Einen Teil der Schuld bezahlte ich, indem ich nicht merken durfte, wie ich gebraucht und benutzt wurde.

An jenem Heiligen Abend lag noch ein Päcklein unter dem Baum am Boden für mich, die Kleine. Es war nicht zu fassen. Grossmama hatte *mir* ein selbstfahrendes, aufziehbares, winziges Auto geschenkt. Der ganze Heilige Abend geriet in Aufregung, denn wenn das wunderbare Fahrzeug gegen eine Wand stiess, wendete es selbsttätig und fuhr in entgegengesetzter Richtung weiter. Die Freude, die uns alle für einen gnädigen Augenblick wirklich in eine Gemeinschaft verwandelt hatte, war kurz. Das Auto fuhr unter dem Mahagonischrank an den Löwenfüssen vorbei gegen die Wand, blieb stehen und war kaputt. Mein Schmerz über den verlorenen Schatz ging im furchtbaren Streit unter, der sich an Grossmamas Enttäuschung über ihr Geschenk, ihren Ärger über das herausgeworfene Geld und meine Unsorgfalt entzündete und reichlich Nahrung fand an allem Unrat, der bereitlag und den alle in und auf sich trugen. Schuld aber war ich. In meiner Verwirrung fühlte ich es.

Wohin flüchten vor den Widersprüchen, die erstickten? Unter die Bettdecke, ins Finstere. Aber es geschah, dass weiches Berühren, Warmes, Seidiges, Lebendiges zu mir in meine Dunkelheit fand. Fineli. Sie schnurrte sanft in der warmen Höhle zwischen meinen angezogenen Beinen und meinem Bauch. Die Schluchzer verjagten sie nicht. Bald klebten an meinen tränennassen Händen ihre seidigen Haare. Es mochte sein, dass sie weg war, als ich aufwachte. Mama duldete das Tier nur bei mir im Bett, wenn sie guter Laune war.

Der Baum wurde vor Ostern abgeräumt. Das heisst, sein Gerüst, denn die verbliebenen Nadeln waren bei Berührung wie ein feiner, sanfter, graugrüner, trockener Regen auf das immer noch selige, immer noch glückliche, immer noch gnadenreiche heilige Paar heruntergerieselt. Mama befahl mir, die Krippenfiguren sorgfältig in Seidenpapier zu wikkeln und in die Schachtel zu legen, in der sie auf ihren nächsten Auftritt zu warten hatten.

Nicht sein kann, was nicht sein darf

Als kleines Mädchen träumte ich wohl von unverschämten Geschenken. Ein Trottinett? «Dafür bist du zu klein. Ausserdem wetzt du beim Abstossen mit dem linken Fuss die Schuhsohle durch.» – «Aber ich wechsle doch beim Abstossen manchmal die Füsse?!» Das Argument galt nicht. Rollschuhe? «Für eine solche Spielerei haben wir kein Geld.» Ein Dreirad? Auf keiner von Papas Fotos ist so ein herrliches Vehikel zu erblicken. Ein Fahrrad wünschte ich mir wenige Jahre später. «Das ist nichts für dich, noch lange nicht. Du bist zu klein. Und wenn schon, dann ist die Grösste an der Reihe.» Jedes dieser Fahrzeuge hätte mich beweglicher und freier gemacht. Deshalb wünschte ich sie mir wohl so sehr, und darum durfte ich keines davon bekommen.

Brief an die Schwester:

Schwester, Du warst die grösste. Das Fahrrad, das schliesslich in unserm Schuppen stand, wurde zu einem weiteren Objekt der von unsern Eltern geschürten Konkurrenz und des Zanks zwischen uns Geschwistern. Ich kann Dich heute verstehen, war das Velo doch eigentlich die Entschädigung für Dein schlimmes Erlebnis mit dem Mann und dem Baum. Auch Du musstest an allen Fronten ums Überleben kämpfen, auch gegen mich, die Kleine. Die grösste warst Du, meine bewunderte und beneidete Schwester. Du besuchtest mit zehn Jahren schon die Schule in der Stadt. Ich, vierjährig, nuckelte noch lange am Daumen, war Mama völlig preisgegeben. Sie war in meinem kleinen Leben noch allmächtige Instanz, Du aber lebtest bereits in einer andern, grössern Welt. Von der Deinen wusste ich nur, dass sie Dir Freiheit brachte. Was Du lerntest, wusste auch Mama nicht alles. Deine wunderschönen, sauberen, sorgfältig geschriebenen und eingefassten Hefte durfte ich kleines, schmuddliges und störendes Ding nicht einmal berühren.

Dich Wörter in einer Sprache nennen hören, die Französisch hiess, beeindruckte mich ungeheuer. Sogar Mama, welche *alles* konnte, *alles* wusste, kostete es Mühe, sie aus- und nachzusprechen. Dann sagtest Du Namen her: Popocatepetl, Vesuv (was in meinen Ohren tönte wie «Vee, suuff» = Vieh, sauf), Himalaya, Kilimandscharo, Klausenpass, Sust... Musik, die mich durch sich öffnende Türschlitze Weiten ahnen liess. «Ich will auch lernen, ich will auch in die Stadt. Ich will auch hinaus, hinaus. Ich will ganz schnell gross werden und werden wie Du, Schwester.» Das beschloss ich definitiv, für immer, wie ich meinte.

Ich wusste nicht, dass Dein langer Schulweg Dich zehn-, dann elf- und zwölfjähriges, halbwüchsiges Kind auch der nicht enden wollenden Friedhofmauer entlang führte, die hier quer durch den Wald lief, der unser Dorf von der Stadt trennte. Deine einzige Klassenkameradin aus unserm Dorf konnte diesen Weg auf ihrem Fahrrad abkürzen und umfahren. Oft durftest Du ihr hinten aufsitzen. Oft hatte sie keine Lust, und Du marschiertest zu Fuss durch den Wald. Das war nicht etwa besonders tapfer, denn Tapferkeit ist nur da nötig, wo Gefahr und Schwierigkeiten zu überwinden sind.

Aber es gab keine Gefahr, sonst hätten Mama und Papa Dir sicherlich auch ein Fahrrad beschafft, und Du hättest nicht mit leeren Händen Deine Freundin um Liebesdienste bitten müssen.

Den Friedhofwald lernte ich später selbst kennen. Auch dann noch war er ein einsamer, stiller, dunkler Forst. Du aber begegnetest auf dem Heimweg vom Unterricht einem Mann, der auf Dich zu warten schien. Obwohl er Dich packte, gegen einen Baum drückte und mit seiner freien Hand aus den geöffneten Hosen ein Stück Fleisch zwängte, gelang es Dir, Dich loszureissen und fortzurennen.

Nachdem sie den Bericht des beängstigenden Erlebnisses angehört hatte, beruhigte Dich Mama und entschied sachkundig: «Der hätte Dir ja gar nichts tun können, Du hast ja noch gar kein Loch.»

Deine Angst vor dem Schulweg bewog unsere Eltern schliesslich, Dir ein Fahrrad zu kaufen. Kein neues natürlich. Nein, ein billiges, altes, das immer wieder im unpassendsten Moment seinen Geist aufgab, was Diskussionen, Tränen, Vorwürfe, Gänge zum Velomechaniker und Geld kostete.

Mutters Kommentar zu Mann, Baum und Loch klärte Dich weder über wichtige Zusammenhänge auf, deren Kenntnis Dich hätte schützen können, noch beruhigte es Dich. Also vertrautest Du Dich Deiner Freundin an und sie sich ihrer Mutter, denn sie war genauso ratlos wie Du. Resultat: Die Dame verbot ihrem Töchterchen den Umgang mit einem Mädchen, das eine solch rohe und grobe Sprache führte. So verlorst Du nicht nur die Freundin, sondern konntest Dich gleich um zwei unverdauliche Erlebnisse reicher schätzen.

Auch Du, Schwester, warst ein einsames Kind, vergleichbar einem jungen Baum, dem ein fühlloser, unempathischer «Gärtner» die Blütentriebe abschneidet, die Wurzeln stutzt und ihn gleichzeitig nach Kräften düngt.

Wer war dieser «Gärtner»? Und wer hat ihn sein Handwerk gelehrt? Es ist Zeit, Schwester, diese Frage zu stellen.

Vor meinen innern Augen ballen sich die vielen schrecklichen Szenen, denen wir Kinder beiwohnen mussten, zu einer einzigen Angst zusammen. Den Horror, den die Leute heute genüsslich am Fernseher einschlürfen, wir hatten ihn *live*:

Papa!

Er steht auf dem Sitz eines Lehnsessels aus einem Herrenhaus. Das Möbel ist ledergepolstert und mit Sattlernägeln sorgfältig verarbeitet. Ein gutes Stück, zu dem wir Sorge tragen mussten, auf dem wir nicht sitzen durften und schon gar nicht knien und dessen regelmässiges Abstauben zu den weiblichen Pflichten im untersten Rang gehörte. Der grosse, massige Mann stampft in den Schuhen auf dem Sitz des Sessels herum, und ich sehe fassungslos, wie die Eingeweide des Polsters herausquellen.

Papa!

Er *tobt* im Herrenzimmer. In seiner Faust schwingt er ein Messer. Er stürzt auf das Ölgemälde an der Wand zu. Es ist ein riesiges, feierliches, aus einem Herrenhaus stammendes, im Zopfmuster goldgerahmtes Bild, von dem Mama uns in kunst- und sachverständiger Manier erklärt hatte, es stelle die Toteninsel dar und ein Schüler Arnold Böcklins habe es gemalt. Das Bild verkörperte einen wesentlichen Teil unseres Familienprestiges, und seiner Kostbarkeit wegen durfte ich es nicht einmal abstauben. Ich sehe meinen Bruder dem wütenden Mann am Arm hängen und verzweifelt flehen: «Papi, tu's nicht, Papi, tu's nicht!»

Das Bild hängt heute in Deinem Wohnzimmer, Schwester, Du kannst es aushalten, und man sieht ihm die Kindernot nicht an.

Und dann die Schmach aller Schmach!

Drei Kinder warten zitternd mitten in der Nacht vor dem Nachbarhaus auf das Aufgehen der Haustüre. Du warst es, Schwester, mit Deinen zwei kleinern Geschwistern an der Hand! Die beiden Menschen, die sich Mutter und Vater nennen durften, die ihre Kinder liebten, wie sie sagten, waren so mit ihrer eigenen Zerstörung beschäftigt, dass sie nicht merkten, wie ihre Kinder schreckerfüllt vor ihnen aus den Betten in die Nacht hinaus geflüchtet waren. Nun sassen die drei verstört nebeneinander in ihren Nachthemden auf dem nachbarlichen, abgewetzten Sofa in der Stube. Der schlurfende Magaziner und seine kropftragende Frau, umrahmt von ihren vier Kindern, alle auch im Nachthemd, standen ratlos um den dreifachen Haufen Elend herum.

Wie schämte ich mich meiner!

Wie schämte ich mich für die abschätzigen und verächtlichen Worte der Mutter über diese Leute, deren selbstverständliche Hilfe wir nun beanspruchten, ohne dass sie die üble Nachrede kannten! Wie schämte ich mich für meine Eltern und unsere Familie!

Wie schämte ich mich der Widersprüche und der Lügen wegen, die an mir hingen wie dreckige Schwaden.

Ich fühlte mich durch und durch schmutzig und schlecht und schuldig.

Heute noch fällt es mir schwer, mich gegen Unrecht zur Wehr zu setzen, denn die alte Angst ist immer noch lebendig, erhebt sich sofort und lähmt. Heute bin ich aber kein kleines, hilfloses Kind mehr. Es gelingt mir immerhin die Frage: «Wovor hast du Angst?» Antwort: «Du musst lieb sein, und du musst denen, die etwas von dir wollen, zu Willen sein, sonst merken sie, wie schlecht und schmutzig und schuldig du bist. Nur, wenn du zu Willen bist, kannst du von der Schuld abtragen.»

Von welcher Schuld?

Schwester, der fühllose «Gärtner», der Blütentriebe abschneidet, Wurzeln stutzt, ist der Täter. Der junge Baum trägt keine Schuld. Er will nur leben.

Aber war nicht der Gärtner auch einmal jung? Wer hat ihn be-schnitten? Die Frage nach der Schuld bringt uns nicht weiter. Die richtige Frage ist die Frage nach der Wahrheit.

Deine Schwester

Leihe mir dein Ohr, so find ich meine Worte

Ich wusste nicht, dass ich litt. Ich kannte nur *meine* Welt. Ich *selbst* war Einsamkeit, Angst, Schuld, Versagen. Diese Empfindungen machten mich aus. Wie konnte ich diese Gefühle von mir wegrücken und mich aus Distanz *sehen*! Mein Spiegel waren Mama und Papa. In ihnen sah ich *mich*! Was ich sah, war nicht schrecklich, denn ich hatte ja kein Bewusstsein davon. Es war, wie es war, und ich kannte es nicht anders.

Das ist das unausweichlich Totmachende. So werden Menschen verbogen, ihre Gefühle verzerrt und reduziert. So werden sie verkrüppelt und wissen es nicht.

Wie könnten sie es erfahren, da sie, geprägt von ihren frühesten Erlebnissen, das Konstrukt ihrer innern Welt in sich tragen und entsprechend reagieren. Sie haben die Fähigkeit eingebüsst, die Realität zu erkennen, sich darin selb-ständig zu bewegen und sich mit ihr, sich entwickelnd, zu verändern. Wissen sie doch nicht um ihre Verkrüppelung und um ihre Verzerrung der Wirklichkeit.

Das Leid war tief. Leiden sind Schmerzen, die andauern. Schmerzen stammen von Verletzungen, und Leiden sind die Folge von Verletzungen, die nicht heilen dürfen.

Unsere Schmerzen und unser Leid waren «nur seelisch». Meine Seele schrie vor Schmerzen, aber das galt nichts, also gab es die Schmerzen nicht. Das lässt sich beweisen:

Ein mittäglicher, elterlicher Streit mit den üblichen Verwünschungen, Drohungen, verbalen Besudelungen, Tätlichkeiten. Ich – in Tränen schwimmend. Mama, nach dem Gewitter entladen, packt mir kleinen Schülerin tröstend den Tornister auf den Rücken, begleitet mich zum Gartentor und ermuntert mich in mütterlicher Güte: «Geh! Lerne! So wird etwas aus dir, und du kommst aus diesem Dreck heraus!»

Die widersprüchlichen Stimmungsumschwünge, Mamas falscher Trost, ihre Ermutigung, nachdem sie selbst mich in den Abgrund gestossen, hätte jedes Kind an seinen Wahrnehmungen und Gefühlen irre werden lassen.

Mama schien das Ver-rückte der Situation nicht zu merken. Für sie war es normal. Auch für mich hatte demnach alles normal zu sein, und es wurde erwartet, dass ich weiterhin funktionierte. Der Schmerz war deshalb kein Schmerz, das Leid also auch kein Leid, die Verwirrung keine Verwirrung.

«Nur seelische Schmerzen» sind in unserer nach aussen orientierten, alles für machbar haltenden, von brutalisierenden Massenmedien – und den dahinter wirkenden Leuten – gesteuerten, abgestumpften, unter so vielen Verkrüppelungen leidenden menschlichen Gesellschaft nicht *in*. Sie werden gar nicht wahr-genommen. Mein Vater würde sich diesbezüglich auch heute in äusserst zahlreicher Gesellschaft finden.

Es ist «nur seelisch»,
sich schämen zu müssen,
sich schmutzig zu fühlen,
seinen Gefühlen nicht vertrauen zu dürfen,
sich rechtlos und ausgeliefert zu fühlen,
in seinem Sein gedemütigt zu werden,
nicht fröhlich sein zu können,
anders sein zu müssen, als man sich sehnt zu sein,
die Last eines Geheimnisses tragen zu müssen,
in Angst leben zu müssen,
seinen Zorn nicht fühlen zu dürfen,
sich niemandem anvertrauen zu können,
hin- und hergerissen zu werden,
kein Recht auf Frieden zu haben,
die Last einer zu schweren Verantwortung tragen zu müssen,
sich vor sich selbst ekeln zu müssen ...

Diese und noch viele mehr sind oft un-gewusste Schmerzen, sind un-gekanntes, doch gefühltes Leid.

Das gemeinsame, zerstörerische Schicksal von Kindern schweisst sie nicht zusammen und verbindet sie nicht so, dass sie sich helfen und wirklich trösten können. Jedes einzelne ist jeweils selbst äusserst trost- und hilflos. Auch wir hätten, um den viele Jahre dauernden Alptraum vielleicht erhellen und langsam er-kennen zu können, jemandes bedurft, dem wir hätten vertrauen können. Ich sage vielleicht, denn Kinder identifizieren sich früh mit den Menschen, deren Macht sie ausgeliefert sind. Und sie hüten ihre Geheimnisse, denn *sie* fühlen sich schuldig.

«Leih mir dein Ohr, so find' ich meine Worte», heisst eines der wahren Sprichwörter. Worte heben ins Bewusstsein, Worte sind wie sprechende Spiegel, denn sie stehen, einmal gesagt, sicht- und/oder hörbar da. Sie sind aus dem Innern des Menschen herausgetreten und gewähren Distanz.

Des Zuhörens, des Sehens eines wissenden Menschen hätten wir bedurft, und hätten – vielleicht – wahrnehmen können, dass unsere Angst *Angst* war, unsere Scham *Scham*, unser Leid *Leid*.

Diesen Menschen gab es leider nicht, zum einen, weil die Eltern alle Türen im materiellen und übertragenen Sinn verriegelt hielten, zum andern, weil in unserer patristischen Gesellschaft das Familien- und Elternrecht (mit gängigen Ausdrücken wie «elterliche Gewalt»), also das Prinzip der Nichteinmischung, sakro-sankt ist. Diese Heiligkeit verkommt zu einem schäbigen Mäntelchen, umgehängt der Bequemlichkeit, der Feigheit, Gleichgültigkeit und

Angst vor eigenen Gefühlen, dort, wo es die geheime Not und tiefe Verlassenheit missbrauchter Kinder betrifft.

Blind, taub und stumm

Als Kind – als Mädchen, als junge Frau – und später weinte ich viel, oft täglich. Verständlicherweise meinte ich, das wäre normal. Ich vergoss ja meine Tränen nicht öffentlich, und niemanden liess ich in meine Dunkelheit hineinblicken. Denn Schmerzen machen Angst, und Angst macht Rückzug.

So war anzunehmen, dass das Innenleben der andern Menschen dem meinen vergleichbar wäre – eine im Kontakt mit Menschen verhängnisvolle Täuschung. Erst in Berührung mit einer Selbsthilfegruppe wagte ich vorsichtige Versuche, meine innere Welt, das Bild meiner inneren Welt anzusehen. Ich trug das Familienporträt in mir. Die Mutter, die Hauptperson, ich sah sie so:

Meine Mutter war bei meiner Geburt neununddreissig Jahre alt. Sie hätte gern Schreinerin oder Lehrerin werden wollen. Ihr Vater verbot ihr beides, da Frauen damals nach der Verheiratung den Lehrerinnenberuf nicht mehr ausüben durften und Schreiner, obwohl ihr Vater eine Schreinerei betrieb, auch für ihn als ausschliesslicher Männerberuf galt. Sie besuchte nach der Grundschule drei Jahre die Sekundarschule und machte dann nach dem Willen des Vaters eine kurze Lehre als Köchin.

Meine Mutter war eine praktische, tüchtige Frau. Sie konnte sogar mit der Sense Gras mähen. Mit Tieren wusste sie geschickt umzugehen. Sie schrieb und las gerne. Phantasiebegabt, impulsiv, kreativ, handwerklich geschickt, wirkte sie auf kleine Kinder anziehend.

Ihr Bedürfnis nach Geselligkeit liess sie am Leben der andern intensiv Anteil nehmen. Nächtelang konnte sie zuhören. Sie war faszinierend, gefühlsbetont, verständnisvoll, freigebig und grosszügig. Nichts war der arbeitsamen und fleissigen Frau zuviel. Im Gegenteil, sie liebte es, sich aufzuopfern. Sie war stolz.

Obwohl zwischen ihr und dem Vater manche Unterdrückungsmechanismen im Gang waren und der erpresserische Druck, den der Vater auf meine Mutter ausübte, zu vielen Spannungen und Streitigkeiten zwischen den beiden führte, galt doch sie für mich als robustes Oberhaupt der Familie mit viel Durchsetzungsvermögen. Die Mutter holte sich nach den Verunglimpfungen durch Vater Trost und Rückendeckung bei uns Kindern. Aus Eifersucht und Minderwert nannte mein Vater sie eine Hure. Ich liebte Mutter sehr. Beim Schreiben dieser Worte überflutet mich heisse Liebe. Diese unbeherrschte Frau, masslos ungerecht, unberechenbar und voller Fehler, war nicht lau, nicht tot. Sie vibrierte bei allem mit, was uns Kindern geschah. Sie schrieb Schulaufsätze für mich. Sie wusste begeistert Verse aufzusagen. Sie war uns eine hingebungsvolle Mutter.

«Dir, liebe Mutter, spreche ich hier meinen tiefen Dank aus. Du hast zwar mein Leben in verkehrte Richtungen gelenkt, hast uns ein «Fest» geboten, in dem es knallte. Aber du warst lebendig und liebesfähig.»

Diese «Ode» an das Mutterbild in mir wurde geschrieben von einer «erwachsenen» Frau, selbst Mutter einer erwachsenen Tochter. Ich durfte dieses Mutterbild nie hinterfragen, musste längst nach dem Tod der Mutter weiterhin daran glauben. Es genau ansehen und die Wahrheit erkennen, hätte den ganzen, damals unerträglichen Schmerz von einst wieder heraufgeholt. Nicht nur mein Mutterbild wäre dann ein anderes geworden, sondern mein ganzes seelisches Vor- und Umfeld hätte sich ver-rückt, ver-schoben. Die Situation wäre einem Gebäude zu vergleichen, aus dem der Bau«meister» die Steine des morschen Fundaments herausschlägt. Der Oberbau wird einstürzen *müssen*, so oder so.

Besser die Steine einzeln sorgsam sichtbar machen und ersetzen. Hier sind sie:

«Du hast uns kein Fest geboten, aber einen Kriegsschauplatz.»
«Du hast Leben um dich zerstört, aber du warst liebesfähig.»
«Du liessest dich Hure nennen, aber du warst stolz.»
«Du hast Aufsätze für mich geschrieben, aber ich

konnte vor Elend meine Schulaufgaben nicht machen.»
«Du stiessest mich in Abgründe, aber dann zogst Du mich heraus und stelltest mich auf die wackligen Beine.»
«Du wusstest geschickt mit Tieren umzugehen, aber deine Reinlichkeitsmethode konnte sie töten.»
«Du konntest Nächte lang zuhören, aber plötzlich verwandtest Du das Gehörte gegen mich.»
«Du warst eine hingebungsvolle Mutter, aber deine Kinder mussten dich trösten und dir beipflichten.»
«Du opfertest dich auf, aber du hast mich benützt und missbraucht.»
«Du tatest mir all das an und noch viel mehr, aber das macht nichts, *ich liebe dich ja*.»

Nichts stimmt hier! Eine Aussage hebt die andere auf. Nur handelt es sich nicht um eine sprachliche Übung, sondern um des Menschen innere Steuerungen und Haltungen, der mein Leben in Händen hielt und mir meine Werkzeuge lieferte, mit denen ich dieses Leben und später dasjenige anderer, die mir anvertraut wurden, zimmern sollte! Darum ist die lebenslange Blindheit von Menschen dem eigenen Kinderelend gegenüber erschütternd.

«Du sollst nicht merken», heisst ein Buch von Alice Miller. Du *sollst* nicht merken, wie du als Kind ausgebeutet und für ein heiles Leben untauglich gemacht worden bist. Und du sollst nicht merken, wie diese Ängste, die Todesängste waren, deine Seele krumm und dumm machten.

Du *kannst* es nicht merken, denn als kleines Kind musstest du Lieblosigkeit und sogar Miss-handlung in Liebe um-deuten. Du wärst sonst vor Verlorenheit und Angst gestorben und nicht «nur» ver-rückt, sondern eben verrückt geworden.

Du *wirst* es nicht merken, denn der Leidensweg zurück in die Schrecken dieser Kindheit ist lang und gruselig und du bist im dunkeln. Und wenn du sie sehen könntest, würdest du sie nicht ertragen, wie damals nicht. Denn nicht alle haben die Kraft und die Möglichkeit, «auszuziehen, um das Gruseln/das Fürchten zu lernen» und dadurch Erlösung zu erfahren.

Darum bleibt es dabei: Du erinnerst dich nicht und «ersparst» dir zu fühlen und nochmals zu erleiden, was *wirklich* war. Und so bleibt es immer weiter *wirklich* und *wirkt*.

Vielleicht schreibst du an deine Mutter auch eine Hymne. So schlimm *kann* es ja gar nicht gewesen sein. Schliesslich ist doch aus den allermeisten von uns etwas «Rechtes» geworden. Schliesslich hatten unsere Eltern es auch nicht leicht. Schliesslich soll man in die Zukunft leben und «Altes» vergessen.

Aber die Widersprüche in dir nagen. Es kostet Lebenskraft, mit dir selbst stets im Kampf zu liegen, den Zorn über den Verrat an dir nicht hochkommen zu lassen, dem Brennen der Verachtung über dich selbst zu entkommen, weil du nicht hast du werden dürfen und es zugelassen hast, hast zulassen müssen. Darum sitzt tief in dir das «Wissen», dass du nicht richtig bist. Dein folgsamer, guter Körper hilft dir bei der Sisyphusarbeit des Ver-drängens, des «Du sollst nicht merken». Aber er wird müde werden und seine Mitarbeit schliesslich verweigern. Psychosomatische Störungen sind die Folgen.

Es gibt einen andern, einen radikalen Weg, den viele erfolgreiche Leute einschlagen. Sie werden, wenn sie nach oben kommen, so wie jene, die oben sassen, als sie unten lagen. Wilhelm Hauff beschreibt die Vorgänge in seinem Märchen «Das kalte Herz»: Die erfolgreichen Mächtigen im Märchen haben sich an Stelle ihres Herzens einen Stein setzen lassen. Das ist sehr praktisch und angenehm. Man ist kühl und unbeteiligt. Man zuckt nicht vor Schmerz über eigenes und fremdes Leid zusammen, kennt weder Angst noch Wut, hat keine gefühlsbedingten Regungen. Der Preis ist hoch: auch die Gefühle von Liebe, Freude und Glück sind abhanden gekommen. Nur einer, ein Sonntagskind, heisst es im Märchen, luchst dem Holländer Michel sein in einem Glas zuckendes Herz wieder ab. Da er wirklich ein Sonntagskind, ein Kind des Lichts ist, wählt er Lebendigkeit zum Preis des Schmerzes.

Es gibt ein anderes Märchen, das mich stets faszinierte und das passte. Das Grimmsche Märchen «Von einem, der auszog, das Fürchten zu lernen».

Eine, die auszog, das Fürchten zu lernen

Ich hatte das Fürchten, das Gruseln, in mancher Hinsicht zu lernen.

Als Kind hatte ich Würmer. Das wusste ich nicht. Als auf dem Abort ein langes, dickes, weissliches Ding aus meinem Hinterteil heraushing, rief ich angsterfüllt nach Mutter. Sie zog das lebendige Fremde ungerührt aus mir heraus, legte es zur Besichtigung, Belehrung und als Attraktion für die übrigen Familienmitglieder in den weiss-blau emaillierten Nachttopf neben der WC-Schüssel. Dort blieb der geringelte Spulwurm liegen, bis er eventuell seinen Geist aufgab und noch etwas länger.

Auf diese anschauliche Weise bot mir Mama die nicht ganz selbstverständliche Gelegenheit, mich vor mir selbst dauer-zu-ekeln. Der Wurm machte auch Furcht. Er hatte in mir kleinem Ding gelebt, von mir gelebt, gefressen, bis er gross, weiss und bedrohlich geworden war. Vielleicht waren noch mehr solcher Würmer in mir. Vielleicht war ich voll davon. Ich horchte in mich hinein und fühlte mich vollkommen wehrlos.

Das Gruseln bestätigte mir, wie eklig und dreckig ich war. Alle konnten es jetzt *sehen*, viele Tage lang.

Ich darf nicht mehr glauben, die Mutter hätte sich dabei nichts Böses gedacht. Denn nichts, was wir tun oder nicht tun, ist zufällig. Hinter unsern Handlungen steht ein bewusstes oder unbewusstes Motiv. Es würde mir helfen zu verstehen, was in Mutter vorging, ebenso wie damals, als sie voller Rage das Kleid der grossen Schwester ins Klosett warf, es mit der Stielbürste hinunterstopfte und meinte, damit anschaulich machen zu können, dass ein Kleid, nicht ordentlich zusammengelegt, gerade soviel Wert hat wie Scheisse. Mutters eigene chaotische Unordnung hätte etliche Spezialklos mit besonders gross kalibrierten Abläufen beansprucht. Auch an das Geschrei der grossen Schwester und ihren Protest erinnere ich mich. Mutter blieb stets Siegerin.

Es scheint, dass es mir schwerfiel, meinen Körper Mutter anzuvertrauen. Denn die andere Gattung Würmer, die mich heimsuchten, blieb lange unentdeckt. Wenn es mich dort, wo man nicht hinlangen durfte, so aufreizend kitzelte und ich mich in Übertretung des Gebotes kratzte, hiess mich die Mutter, nicht grauslig zu tun. Irgendwann muss dann doch der Hausarzt in Erscheinung getreten sein. Das Wort «Haus» deutet auf Mutters besondere Beziehung, ihr Verbündet-sein mit ihm und seiner Frau hin.

Dr. Bommeli war so etwas wie ein Über-Vater. Mit Ausnahme von Milchmann, Bäckerbub und Postbote war er der einzige Mensch, der selbstverständlich den Raum innerhalb des Gartentors betrat, und als allereinziger bewegte er sich im Bedarfsfall auch im Haus.

Ich empfand ihn als respekt- und furchteinflössende Instanz, der absolut Folge zu leisten war, da sie durch einen hindurchsehen konnte und alles wusste. Unters Bett konnte sie aber nicht blicken. Deshalb rannte ich jeweils vor dem Doktorbesuch im verunordneten Kinderzimmer herum, schob halbvollen Nachttopf, abgelegte Kleider, gebrauchtes Geschirr, alles, alles tief unters Bett, sauste wieder unter die Decken, riss Leintuch und Wolldecke hoch, strich die beiden nach bestem Vermögen übereinander glatt und *hörte* ihn die Treppe heraufsteigen, hörte Mamas Stimme respektvoll und vertraulich: «Bitte, hier, Herr Doktor!», wie wenn er das nicht gewusst hätte. Und dann *war* er im Zimmer, suchte eine freie Ecke auf Tisch oder Stuhl, um seine Hausbesuchstasche ablegen und öffnen zu können, stand dann an meinem Bett, in dem ich bis zum Hals zugedeckt mit sicher hochroten Backen lag. Aus Angst, er würde bei meinem rasend klopfenden Herzen den Puls nicht messen können und *es* dann merken, versuchte ich krampfhaft, mein Herz stillstehen zu lassen.

Zum Ritual gehörte das Herausstrecken der Zunge, was gegenüber Erwachsenen ja verboten war und was ich deshalb kaum über mich brachte. Aber das kratzende, flache Holzstäbchen, das er auf meine Zunge drückte, erleichterte mir die Sache. Das Stäbchen war anschliessend an den Besuch aufzubewahren, denn für Mutter war sein Wert dadurch definiert, dass Herr Doktor es in den Händen gehabt hatte. Das gleiche galt für geleerte Medizinfläschchen und Döschen, die allesamt aus dem Medikamentenschrank in des Doktors Praxis stammten.

Der Doktor entblösste mich, betastete, beklopfte Hals, Brust und Bauch. Mama wohnte der Untersuchung in ihrer kurz zuvor neu umgebundenen, saubern Schürze bei. Ihr Einverständnis bestätigte mir, dass der Doktor ein Recht über meinen Körper besass. Das beklemmte und ängstigte, und doch genoss ich gleichzeitig die ungewohnte Wichtigkeit. Mamas sich besorgt gebende Stimme tat gut. Krank sein war gut. Krank sein brachte mir Mamas Gegenwart, war Geborgenheit unter der Decke.

Die erinnerten Indizien lassen auf die Übel schliessen, die mich plagten:

Ein Fläschchen, dessen Flüssigkeit, in meine Ohren geträufelt, mich durch die Kälte aufjucken liess; ein Emailpfännchen mit heissem, ölgetränktem Wollappen, der um meinen Hals gelegt wurde, so dass ich vor lauter Brennen und Beissen die Halsschmerzen vergass; eine Bettflasche, mit Tuch umwickelt, das alsbald verrutschte, so dass die Flasche mich auf dem Bauch brannte; nasse Wickel um Waden und Füsse, schwer und dick, die von den Füssen her ans Bett fesselten.

Hals-, Ohren- und Bauchweh haben mich wieder, seit ich begonnen habe, in die Unterwelt der Kindheit hinabzusteigen, um das Fürchten zu lernen: nicht atmen können, den Hals zugeschnürt, dass die Stimme krächzt und die Ohren stechen; im Bauch zwei Fäuste, die, plötzlich weggenommen, lähmende Leere lassen.

Ich war ein Daumenlutschkind. Lange. So lange, bis des Doktors Intervention der hässlichen Gewohnheit einen Riegel schob. Meine Arme und Hände erinnern sich. Das linke Händchen war eigentlich mein rechtes Händchen. Das wurde mir dann in der ersten Klasse konsequent ausgetrieben. «Umgewöhnen» nannten es die Grossen. Den linken Daumen meines nicht richtigen Händchens steckte ich also in den Mund, dritter, vierter und fünfter Finger beider zur Faust geschlossenen Hände hielten ein wollenes Stück Trikot oder Gestrick fest, in das ich während des Nuckelns mit dem rechten Zeigefinger Löcher bohrte, in denen ich mich festhielt. Dabei war es gut, sich zusammenzukauern und sich wie eine Schnecke mit eingezogenen Fühlern nach innen zurückzuziehen.

Daumenlutschen war erlaubt und war es nicht. Zum Einschlafen gab mir Mama den Wollappen, aber sonst machte der Daumen die Zahnstellung kaputt. «Und überhaupt, man muss sich ja schämen – ein so grosses Mädchen. Geht nächstens zur Schule.» Der Doktor entnahm seiner schwarzen Tasche eine sehr bittere Flüssigkeit. Der Daumen wurde damit eingepinselt und erhielt einen festsitzenden, ledernen Fingerschuh. Ich habe die Bitterkeit nie getestet. Sie war nicht anzuzweifeln. Den Pinsel durfte ich zum Trost behalten. Den Trost meines Daumens vermisste ich bitter.

Die Zahnstellung und der Zustand der Zähne waren wirklich unter aller Kritik. Das zeigte sich viel später, als die Zahnschmerzen die Eltern zwangen, mich mit vierzehn Jahren erstmals beim Zahnarzt anzumelden. Papa hatte ein schönes Gebiss. Er trug Sorge dazu. Er putzte sich regelmässig nach dem Essen die Zähne in der Küche. Dort gurgelte er auch und spuckte gekonnt in den Spülstein. Ich rubbelte das Becken oft mit Bürste und Putzmittel, denn mich ekelte.

Der Doktor *wusste*. Ich wusste, dass er wusste: über unsere Familie, über Papa, über das Schlafzimmer, über *alles* – von Mama. Sie legte sich bloss, zeigte ihre blauen Flecken, klagte an, beschrieb, schimpfte. Ich schämte mich. Und wenn sie mich abends in die Praxis schickte, um Medikamente zu holen und ich an der Nebentür läutete, wusste ich, dass auch Frau Doktor wusste. Aber sie taten, als ob sie nicht wüssten, und es war unerträglich. Das wissende Schweigen schob mich in einen Leerraum, in dem ich orientierungslos schwamm.

Mama wurde krank. Das Eheschlafzimmer im ersten Stock stand einen Spalt breit offen. Im uralten, gusseisernen Dampftopf kochte ich nach Mamas Anweisungen Kartoffeln und rannte treppauf, treppab für sie. Ich war glücklich, weil nützlich und für sie da. Durch den Türspalt sah ich den Doktor an ihrem Bett und an ihr hantieren. Ich sah Mamas Rücken und kleine Flammen und runde Gläser, die in dichter Reihe aus ihrem Rücken herauswuchsen, und sah die Haut sich dunkelrot und fleischig in diese Gläser hineinstülpen. Angst.

Ausser Mama gab es niemanden. Sie hatte sich zu meinem einzigen Menschen gemacht. Wie gut verstehe ich Tiere, die sich vor Angst totstellen. Nur das Herz hämmert.

Der Doktor befand, Mutter brauche einen Klimawechsel mit Höhenunterschied. So geschah das Wunder. Die ganze fünfköpfige Familie fuhr zum ersten Mal wirklich in die Ferien. Steinernes, stattliches Bündnerhaus. Rote Bündner Nelken auf den Fensterbrüstungen hinter starken, geschwungenen Gittern. Helle, klare, reine Räume. Warme, lebendige Stimmen, Durcheinanderreden, Lachen im Bündner Dialekt. Auf Pappkartons den grünen Abhang hinunterrutschen. Türen öffneten sich. *Sie* aber redete. Sie brachte ihre Welt nach Samedan. Die Türen schlossen sich wieder. Auf der langen Heimfahrt kaufte eine Mitreisende dem kleinen Mädchen ein Fläschchen Mineralwasser, das erste seines Lebens. Die Zuwendung und die luxuriöse Grösse des

Geschenks blieben dem Kind unvergessen. Auch der überschwengliche Dank und die Unterwürfigkeit der Mutter sind in die Erinnerung eingeflossen.

Die schmerzende Enge im Hals und das Stechen in den Ohren wurden chronisch. Niemand verstand die Körpersprache. Darum schnitten sie mir die Mandeln heraus. Ich selbst blieb in diesem Akt passives Objekt. Mama fuhr mit mir ins Spital. Ich musste mich dort einem Mann, den ich nicht kannte, auf den Schoss setzen. Der Mann sah aus wie jener im Haus neben dem Schulhof des Dorfes, wo auf der einen Seite schöne, lebendige Pferde hineingeführt wurden und auf der andern Seite eine weisshäutige, kaltäugige, wortkarge Frau hinter einem Ladentisch stand und mir jeweils auf Mamas Geheiss Pferdegehacktes und Pferdewurst verkaufte.

Der Mann, dem ich auf den Schoss sitzen musste, trug auch eine braune, dicke Gummischürze. Ich weiss das genau, denn ich kann mich noch an die Kälte des Gummis an meinen Oberschenkeln erinnern.

Gefühle stehen ausserhalb der Zeit. Sie sind dauerlos. Die einmalige oder sich durch Wiederholung kumulierende Intensität ist ihr Mass.

Durch den stinkenden, weissen, halbrunden Dekkel, den mir jemand von hinten aufs Gesicht setzte, wurde ich ausgelöscht. Natürlich wehrte ich mich nicht. Keinen Laut gab ich von mir, denn ich war ein braves Kind.

Später fuhr mich ein Taxi nach Hause. Das war die erste Autofahrt meines Lebens und das Ende eines Schreckens. Die zweite, sieben Jahre später, würde der Anfang eines Traumas werden.

Mit Mama im Auto fahren, das Fahrgeld wert sein, das Geld für ein Eis wert sein ... unvergesslich!

Doch ich wollte den Reis nicht essen, den Mutter für alle gekocht hatte, und behauptete, er kratze mich in meinem noch wunden Hals. Der Doktor fand, das könne nicht sein, also wurde der Reis gegessen. Das war der eine, begrenzte Schmerz. Am andern litt ich länger. Beide mit der höchsten Autorität ausgestatteten Menschen glaubten mir nicht. Also war meine Empfindung nicht zuverlässig, und ich log. Ob Mutter den Doktor wirklich konsultiert hatte? Diese Frage war nicht zu stellen. Also hiess die Lektion: Höre nicht auf das, was dein Körper sagt!

Ich hasste es, auf den Schoss genommen zu werden. Auch Mutter nahm mich manchmal auf den Schoss. Sie hielt mich fest, ihre Arme um meinen Körper gelegt und die Hände verschränkt. Aber ich rutschte an ihren Schenkeln ab, mein Kleid verschob sich nach oben und spannte, die Lage wurde unbequem, und doch musste ich stillhalten. Zudem brauchte ich Gesichtskontakt mit Mama, um zu wissen, wie ich mich zu verhalten hatte.

Mit Papa war es nicht besser, aber anders.

Er nahm sein Nachtessen allein im Esszimmer ein. Wir Kinder deckten ihm seinen Platz mit Tischtuch und Serviette. Er *musste* allein essen, denn er hatte für uns gearbeitet, er war müde, brauchte seine Ruhe, wie er selbst sagte, und wollte seine Zeitung lesen. Zudem war sein Essen nicht unser Essen. Es war besser, reicher, üppiger zubereitet und angereichert aus der Büromappe mit seinen privaten Einkäufen. Er rief mich manchmal vom Küchentisch zu sich hinein, hiess mich ihm auf sein rechtes Knie sitzen und von seinen Köstlichkeiten naschen. Dazu schob er die Stücklein Schwartenmagen oder Pilchard-Sardinen ganz an den Tellerrand, damit ich nicht durch meine Berührung sein Essen für ihn ungeniessbar machte. In meinem Ohr klingen seine Kosenamen nach, und das Himmelskäferchen, in das mich seine Worte verwandelten, erschien mir als etwas Verdächtiges, Dickes, Fremdes.

Es war so peinlich, auf seinem Schoss zu sitzen. Peinlich, dass ich es tat. Peinlich, von seinen Teller zu essen. Peinlich, wieder in die Küche zu den andern zurückzukehren.

Minderwert und Grössenwahn

Mama lebte mir beide vor – ihre Ohnmacht und ihre Allmacht. Ihre vermeintliche Wirklichkeit, einem verzerrten Spiegelbild in bewegtem Wasser zu vergleichen, das schwankt, sich ständig verschiebt, vor- und zurückweicht, zutiefst verunsichert und für die Realität untauglich macht.

Keine geringeren als Tod und Leben entscheidende Ereignisse dienten Mutter, um sich und uns ihre Macht zu illustrieren. Ihre Berichterstattungen wiederholte sie bei Gelegenheit mit Genuss. Ich behaupte, dass ihr Vorgehen einer Gehirnwäsche gleichkam. Liegt es doch in deren Natur und dient es dem Zweck der Gehirnwäsche, dass der so Behandelte seine Lage nicht mehr erkennen kann. Mich versetzten ihre Darstellungen in einen Zustand von widerstrebender Bewunderung.

Ihre liebsten Geschichten kreisten um ihr männliches Kind. Als mein Bruder ein Baby war, pflegte sie ihn auf dem Esszimmertisch zu wickeln. Über diesem Tisch hing eine riesige, runde, kronenförmige Lampe. Sie war mit einem Kranz von Glühbirnen ausgestattet, von denen nur einzelne aus Spargründen eingeschraubt waren. Ihrem mageren Leuchten gelang es nicht, den die Lampe umspannenden Stoff zu durchdringen und die Bedrohlichkeit des Monstrums zu mildern.

An jenem bewussten Tag liess die Mutter das Kindlein auf dem Tisch liegen, ging hinaus in die Küche, wo sie aber den Drang in sich fühlte, es zu holen. Sie kehrte in die Stube zurück, nahm den Säugling hoch, und eine Sekunde später (nicht zwei) krachte das eiserne Lampenrad samt Prunk, Kordeln und Staub auf den Tisch nieder. Unser brauner, rechteckiger Tisch trug stets einen weissen Molton und darüber ein Tischtuch. An diesem Punkt der Erzählung entblösste Mama den Tisch, und der Mordversuch der Lampe war bewiesen. Inmitten des eichenen Tischblatts sahen wir die Beschädigung.

Bevor die Lampe hängen konnte, musste jemand für ihr Auf-hängen verantwortlich gewesen sein. Nur eine Hauptperson in dieser Familie war für alles zuständig und hatte totale Kontrolle. Wie konnte es da geschehen, dass ...? Ein Grossteil meiner frühen Kindheit spielte sich unter dem düstern Licht dieses Ungetüms ab. Und ich kannte die Geschichte des Attentats.

Was nicht ins Bewusstsein dringen darf, führt ein Eigenleben im seelischen Untergrund und wartet auf seine Stunde.

Mein Bruder hatte mit den Geschichten seiner Rettungen durch Mutter zu leben. Er durfte nicht daran zweifeln. Die dargebotene Wahrheit war nicht zu hinterfragen. Mutter benützte ihn als Glorienschein für sich, ihn, das männliche Kind, den einzigen Stammhalter und Namenträger der väterlichen Clique, den «Pfüder», wie sie ihn nannte. Sie war stolz auf ihre Kreation dieses Namens. Auf ihren Vorschlag und ihr Insistieren hin wurde «Pfüder» auch sein Pfadfindername. Pfüder, Pfüderli, so titulieren unsensible, dumme Erwachsene ein Kind, das seine ersten Gehversuche macht, dem die Windelpackung herunterrutscht und das, ach, so lustig, so lächerlich ausschaut. Der Bub und sein Name waren Mutters Eigentum. Die unterschwellige Demütigung musste sich in ihm eingewurzelt haben. Er durfte nicht wachsen. Schon der Name stand als Verbotstafel am Eingang zu einer eigenen Welt. Ein kleines Kind braucht und hat keine Würde!

Dass Pfüder recht eigentlich ein Todeskandidat war, bewies auch die Geschichte seiner nächsten Rettung. Mutter erzählte, wie lebensgefährlich er an Hirnhautentzündung erkrankt war und wie der Mobilmachung wegen keine Ärzte verfügbar waren. Sie demonstrierte, wie er die Nahrung verweigerte, und stellte fest, dass er dank ihr überlebt habe, weil es ihr gelungen sei, ihn zu überlisten und ihm über Stunden und Tage dünnen Brei einzuflössen. Die andern Fälle ansteckender Meningitis seien damals gestorben, sagte sie oft. (Heute verwundert es mich einigermassen, dass ich trotz Ansteckungsgefahr nicht aus dem Haus entfernt wurde.) Der kleine Sohn überlebte. Ihr verdankte er sein Leben. Würde er diese Schuld abtragen können? Wie würde er damit leben? Wie sollte er seine Mutter je aus sich entlassen, wo er doch durch Dankesschuld an sie gekettet war, sie ihn durch Dankesschuld an sich gekettet hatte? Hoch hatte sie sich selbst in uns drei Kindern aufgerichtet: «Mir verdankst du alles. Du bezahlst dafür, indem du dessen stets eingedenk und mir untertan bist. Ohne mich bist du nichts, und du darfst auch nie mehr werden als ich. Du bist der Mond, und ich bin deine Sonne.»

Nicht aus eigenem Licht leuchten dürfen ist das schlimmste. Es wirkt sich aus wie ein defektes, zusammenbrechendes seelisches Immunsystem. Der Minder-Wert verlangt nach seinem Gegenpol, dem Grössen-Wahn. Wir Kinder bestätigten unserer Mutter, dass sie *jemand* sei. Sie konnte selbst nicht daran glauben und fühlte sich ohne Wert. Denn sie trug den Bazillus ihrer eigenen, «glücklichen» Kindheit weiter, so wie Tuberkulose und AIDS an das Neugeborene übertragen werden.

Wie er weitergereicht wird, mag die kleine Geschichte von der Beerenschwemme beleuchten:

Johannisbeeren! In zwanzig Meter langen Doppelreihen standen die Sträucher dem Gartenzaun entlang. Auch Kinderhände sind im Abstrupfen der roten, kleinen Trauben geschickt. Also holte Mama mich bei Tagesanbruch aus dem Bett in den Garten. Zu Beginn der grossen Mittagshitze stand ein voller, grosser, runder Weidenkorb bereit. Mama an einem Griff und ich wie ein Anhängsel am andern, marschierten wir zum Bahnhof, schleppten das Ding ins Abteil. Angekommen, trugen wir, durch den Korb aneinander festgemacht, die Beeren zwischen den Massen von Fussgängern durch die Arkaden der Stadt zu einem Restaurant, das offenbar diese Ernte bestellt hatte. Und ich schämte mich. Und ich schämte mich, *dass* ich mich schämte. Warum? Konnte ich nicht stolz darauf sein, dass unser Reichtum im Überfluss vorhanden war? Also war ich schlecht und undankbar. Ich war eine Verräterin an meiner Mutter, dachte ich, fühlte ich. Nein! *Sie* hatte mich mit dem Bazillus *ihres* Unwerts angesteckt. In *diesem* Sinn waren wir einander ebenbürtig, und der Korb hing als Symbol dieses gemeinsamen Gefühls zwischen uns. Anstatt uns an dem roten Überfluss zu freuen, schämten wir uns seiner.

Der Weg führt über die Mutter

Und vom Rockzipfel der Mutter wirst du dich schliesslich nur durch einen Akt der «Pietätlosigkeit» befreien können.

Dazu musst du die Mutter *sehen* lernen, sie *wahrnehmen*. Wer war diese Frau, die mit so viel Macht ihr Königreich beherrschte?

Brief der Mutter an ihren sechsundzwanzigjährigen Sohn, der soeben einen ersten seelischen Zusammenbruch erlitten hat:

Lieber Pfüder,

Soeben habe ich Dir das Köfferchen geschickt mit Wäsche und den neuen Hosen. Die Farbe ist einmal etwas anderes als nur Grau. Die Qualität ist erstklassig. Sie kosten das Doppelte regulär. Lüthy am Bubenberg hat aber grossen Ausverkauf. Nun hat die Hose Nummer 40, ist also eine halbe Nummer weiter, als Du sie trägst. Die Bedienung aber sagte, dass man sie auch so trage. Tausche sie also nicht um! Die grauen Diagonalhosen kannst Du mir zum Reinigen schicken. Ende nächster Woche komme ich zu Dir nach Zürich. Gib die Zeit an und auch, wo Du zu finden bist!

Als ich mit Deinem Köfferchen zur Post rannte, grad zehn Minuten vor Schluss, traf ich mit meiner Ältesten zusammen. Ich muss sagen, dass ich eine Mordsfreude hatte. Und ich muss sagen, sie ist ein feines Kind! Nun, Pfüder, auch sie hat doch einen schweren Weg hinter sich. Und wenn ich nachdenke, hat sie doch auch vieles ausgefressen.

Auch ich möchte doch manches anders gehabt haben, ich meine vor allem für Euch Kinder. Und meine Sorge ist doch oft, dass Du nun einen zu weiten Umweg machst. Gar noch kommt der schrecklichste Traum, der mich je plagte, wieder, wo ich Dich im Wasser weit unten stehen sehe. Ich kann nicht dorthin, wo Du bist. Pfüder, muss es sein, dass wir uns gar nicht mehr verstehen? Wie sehr gehörst Du doch zu uns! Von mir will ich nicht reden. Ich bin bereit, Dich etwas Grossem zu geben, das Dich fördert. Bedenke doch auch, dass Papa und ich wohl mit Freude geben, aber doch auch darauf warten, dass Du – stolz, es geschafft zu haben – Deine Examen machst. Lieber Junge, höre! Keiner, aber auch wirklich keiner, der Dich je zurückhält jetzt an Deiner Arbeit, wird Dir helfen können. Das ist es ja: Wenn Du im Sumpf bist.

Sich selber befehlen ist ja wohl eine grosse Kunst. Das sehe ich jeden Tag an mir selbst.

Schau Dich um! Vielleicht finden wir in Zürich auch einen passenden Kittel!

Deine Mama

NB. Ich muss noch einen Nachsatz machen. Diese Hosen sind nicht nur durch den Ausverkauf von Fr. 49.– auf Fr. 34.– heruntergesetzt, sondern auch, weil sie an den Bügelfalten vom Ausstellen staubig sind. Umtauschen kann man sie also nicht.

Dann: Gewiss ist es schwer für Dich, den Kontakt mit uns aufrechtzuerhalten. Gerade weil Du ihn ja aufrichtigerweise nicht haben willst. Gewöhnlich kommt mir da mein Humor zu Hilfe. Aber in letzter Zeit tut es mir einfach leid für Dich. Es ist doch ganz einfach für Dich, den Pfüder, schade. Schade um Deine saubere, gerade Haltung (Erziehung sage ich ja gar nicht), schade auch um Deine Arbeitskraft. Denn ich bin nicht blind, mein Sohn. Du hast grausige, ungeputzte Zähne, gelb von Nikotin wie auch die Hände; es sind schon nicht mehr die Finger. Du wirst fast aufgefressen von dem Gift. Vielleicht habe ich einen Fehler gemacht. Mina, meine Freundin, hat ihrem Kurt *zwei*mal in der Woche einen langen Brief geschickt, wovon *zwei* Seiten nur Ermahnungen über Hygiene, Zähneputzen, Nägelschneiden, Füssebaden, sonst Baden, Pudern und Sauberhalten ohnehin. Das ist kein Spass! Ich war selbst dabei, als sie einen solchen *wirklichen* Mutterbrief schrieb.

Über das leibliche Wohl und die gesellschaftliche Rücksichtnahme auf seine Mitmenschen. Wenn ich Haus und Hühner, Garten und Kinder und so vieles zu betreuen hatte, dann habe ich vielleicht nicht immer ein Beispiel sein können.

Aber ich glaube nicht, dass ich Dir in meiner Grundhaltung schlecht vorlebte. Sofern wir Frauen vorleben können! Sofern uns der Platz und die Stellung im Hause vom Mann eingeräumt ist! Die Männer sollten es uns nicht nur zugestehen, sondern es uns Frauen direkt als Aufgabe und Gegebenheit zuschieben, überbinden, der Mittelpunkt der Familie zu sein. Wie denn sollen wir wirken und erziehen, wenn wir nach aussen halbe Arbeit leisten? Darum kann ein Mann nicht genug an sich schaffen und sich sauber halten. Was Dir auch vorschwebt, Pfüder, ist ganz Deine Sache. Aber ich mute mir doch zu, Dir etwas sagen zu dürfen. Nämlich: so leicht kommt Schmutz in eine Ehe, ob sichtbar oder nicht. Und dauernd haben dann zwei bloss wegzuräumen und zu putzen. Ich bete jeden Tag, dass Dir nichts zustösst. Denn ich spüre, dass Du im Moment nicht sehr wählerisch bist. Wie leicht bist Du dann der Leidtragende – der Du ohnehin bist, seelisch –, sobald Du unkorrekt oder oberflächlich handelst.

Und wenn ich *tausendmal weiss, dass Du nicht auf mich hörst*, meine Mahnung wohl im Wind verfliegt, so sage ich es Dir doch wieder, dass nur Arbeit und Zucht zum Erfolg führen. Du selbst willst ja den Nutzen haben, genug verdienen, *freier* werden. So bringe das Opfer, fleissig zu sein, Kontrolle jeden Tag zu machen über Geleistetes und eigenen Zwang anzulegen.

War nicht ich es, die für die Kinder zum Lehrer lief, Briefe schrieb, Anmeldungen, Absenzen rechtfertigte, mit dem Taschengeld morkste, du lieber Himmel! Alle Kleinigkeiten, die zusammen das Ganze gaben, liefen bei mir zusammen!

Den Tag Deiner Matur, Euer Fest, die Buben hier und die Pfadfinder! Ihr wart doch alle fleissig, und ich liess nicht locker in meinen Bemühungen. Ich sah Euch immer auf dem Weg nach «oben». Wenn Du mir die Mutter zeigst, Pfüder, die aufhört, ihre Kinder zu lieben und für sie dazusein – nein, auch dann solltest Du eine finden können, ich würde –, nein, ich kann nur immer denken und hoffen, dass Ihr ein gutes Leben habt und lebt und dazu für Euch beten, auch wenn ich kein Geschrei darüber mache. Das wäre also alles noch unter NB.

Schreib also, wann wir uns sehen können. Ich verspreche Dir, nur über De Gaulle, Abstimmung und den letzten Fussballmatch zu sprechen. Das andere ist ja jetzt gesagt.

Mama

Der Brief war nicht zu kürzen! Quantität, vermischt mit dem verwirrenden Inhalt, macht seine «Qualität» aus. Noch heute fällt es mir schwer, diesen Brief – einer von vielen ähnlichen – in Bezug zu meiner erlebten Kindheit zu setzen.

Mutter war das erste Kind und die älteste Tochter aus erster Ehe eines Bauernmädchens aus dem Berner Oberland, aus jenem Ort, wo das blaue Krüglein im Gemischtwarenladen stand. Dieses unser «Grosmüeti» gebar ihrem Schreinermeister noch eine Tochter. Er liess sich aber von dieser Frau scheiden, heiratete eine reichere Frau und behielt das jüngere Kind bei sich, das rachitisch und körperlich zurückgeblieben war.

Meine Mutter kehrte mit ihrer Mutter ins Simmental zurück. Dort führte das Kind ein Leben à la Heidi-Buch und -Film, hütete die Geissen, bis der Vater es unter dem Vorwand von Ferien von seiner geschiedenen Frau ins Zürcher Oberland holen liess und es nicht mehr zurückgab. «Grosmüeti» heiratete zum zweiten Mal und wurde Witwe, nachdem sie eine weitere Tochter und einen Sohn, der bald an Diphterie starb, zur Welt gebracht hatte. Die dritte Ehe führte sie schliesslich auf dem Bauernhof, den sie von ihrem zweiten Mann geerbt hatte. Der dritte Mann war ein Rückwanderer aus Amerika, wo er sein Glück nicht gemacht hatte. Man sagte, er habe bei der Witfrau einen vollen Teller und ein gemachtes Bett gefunden.

Meine Grossmutter gebar ihrem Amerikafahrer einen Sohn. Er kam verkrüppelt und vorzeitig zur Welt. Man sagte, die Schwangere sei beim Melken von einer Kuh getreten worden. Dieser Sohn, mein Halbonkel, hilflos sein Leben lang, ein seelisch und körperlich Verdurstender, sass tagsüber auf seinem Hocker und wurde abends zu Bett geschickt. Mit seinem gesunden Arm zog er mich kleines Mädchen zu sich heran. Dabei versuchte er ein schiefes Lächeln, das seine Zahnlücken und verfaulende Stummel blosslegte, die Augen bittend und hinter den Gläsern seiner runden Metallbrille verzerrt.

«Ein armer Tropf», sagte Mama, «man muss lieb mit ihm sein, man muss ihm beim Schuhbinden helfen und beim Essen, man muss ihn unterhalten und ihm Gesellschaft leisten, denn er führt ein trauriges, eintöniges und überflüssiges Leben. Er ist auf einem Hof, wo jeder Mann gebraucht würde und keiner da ist, eine doppelte Last.»

Ich war hin- und hergerissen zwischen dem eigentümlichen Gruseln vor seinen Berührungen und Mamas Befehl für Zuwendung und Nähe.

Auch anderes blieb mir in diesem Hause lange unklar: Der potente Ehemann der Grossmutter, also mein Stiefgrossvater, hatte Gefallen an der Tochter aus der zweiten Ehe seiner Frau gefunden. Sie war bereits verheiratet und Mutter einer Tochter. Sie gebar einen Sohn. Wo der geprellte Ehemann geblieben war, davon sprach niemand. Alle übrigen lebten weiterhin zusammen unter dem ausladenden Dach. Es deckte schweigsam, ungerührt Leid und Lüge zu.

Die Frauen führten, da die «Männer» ja nichts taugten, das Regiment auf dem Hof. Sie legten überall Hand an. Jede Männerarbeit war ihnen recht. Sie mähten, melkten, spannten an, luden die hohen Heuwagen, kauften Vieh, verkauften ihre Produkte und standen nachts im Stall bei der hochträchtigen Kuh. Was männlich war, verachteten sie unverblümt als schwach, unfähig, wenig brauchbar. Meine Mutter teilte diese Haltung, machte kein Hehl daraus.

Das Leben hatte sie über die Männerwelt das gleiche gelehrt, und hier konnte sie etwas von ihrem Gift abladen. Auch davon floss in mich über.

Meinen Zwiespalt und den Versuch, mich zu bewahren, erkannten sie nicht. «Sie ist faul. Sie will sich nicht schmutzig machen. Sie drückt sich. Sie meint wohl, sie sei die Prinzessin auf der Erbse», interpretierten sie mein Anders-Sein und mein inneres Draussenbleiben. Ihnen fehlte das Sensorium, von dem das Märchen «Die Prinzessin auf der Erbse» spricht. Diese Prinzessin fühlte noch durch einen Stapel Matratzen hindurch die von der Königin-Mutter darunter versteckte Erbse und fand deshalb den Schlaf nicht. Aber gerade die Erbsenprobe bewies der Prinzenmutter ihre Sensibilität, die sie zur passenden Gefährtin des Prinzen machte. Das Empathische, Feinempfindende ist das wahre Lebendige in uns, macht uns zu Königinnen des Lebens. Davon redet auch das Märchen der «Gänsehirtin am Brunnen». Diese Prinzessin, gestürzt durch die stumpfe Grobheit ihrer habgierigen, verlogenen Dienerin, schützte sich vor den Zudringlichkeiten des Hüterjungen, indem sie sich mit dem Wind verbündete. Sie redete auch mit Fallada, dem abgeschlagenen Haupt ihres Pferdes. Die Gänsehirtin durfte klagen: «Wenn das meine Mutter wüsst', das Herz im Leib würd' ihr zerspringen.» Diese Klage war mir verwehrt. *Meine* Mutter wusste nicht, und sie wollte oder durfte nicht wissen und war doch *da*!

Oder war sie nicht «da»? Für ein Kind muss die innere und äussere Präsenz der Mutterfigur eine Einheit sein. Wie kann es sich sonst orientieren?

Wäre meine Mutter innerlich da gewesen, hätte sie meinen Widerwillen, zur Grossmutter auf den Bauernhof zu fahren, wahr-genommen und respektiert. *Ich* hätte es gewagt und Worte gefunden, mich ihr in meiner zwiespältigen Angst vor dem verkrüppelten Halbonkel und dem eigenartig schleimigen Stiefgrossvater anzuvertrauen. Da *sie* nicht wahrnahm, was sich abspielte, durfte und konnte ich es auch nicht wahrnehmen.

Vielleicht versuchte ich es damals noch.
Vielleicht fühlte ich mich nicht ernst genommen.
Vielleicht sogar wurde mir das, wofür ich kaum
Worte hatte, ausgeredet.

Nein, Mutter war innerlich nicht da. Sie war nicht in und bei ihren Gefühlen. Sonst hätte sie merken müssen, wie ungeborgen und verloren ich mich in dieser groben, lauten und falschen «Gemeinschaft» bewegte.

Die Lektion, oft wiederholt und tief gewusst, hiess: «Deine Mutter hört dich nicht. Sie kann dich nicht beschützen.» Schlimmer: Unter jenen Menschen unter jenem Dach geschah mit ihr eine Verwandlung. Ihr Dialekt wurde breiter, ihre Bewegungen härter, ihre Stimme lauter, metallischer. Sie liess sich aufsaugen von jener verwischten Welt, den unklaren, heimlichen Beziehungen ihrer Verwandten, die deshalb auch *meine* Verwandten sein mussten. Sie gehörte zu ihnen. Der Konflikt war schwer: «Mutter, ich brauche dich, deinen Schutz, dein Verstehen, deine Liebe. Aber ich kann nicht befolgen, was du von mir willst. Es macht mir Angst. Es vernichtet mich. Und so bleibe ich innerlich in der Tür stehen. Gelähmt. Des Bei-mir-selbst-Seins beraubt. Und allein. Abgetrennt, im Zugwind!

Das Gefühl des Nicht-dazu-Gehörens, einer schwebenden, eigenartig leeren Isolation liess mich nie ganz los. Es lauerte, wenn ich mit dem Bruder und dem Sohn meines Stiefgrossvaters im Keller des Grossmutter-Hauses vor dem Fass kauerte und den süssen Most durch den mit einer Klemme gesicherten Schlauch schlürfte. Es lauerte, wenn wir in den hintersten Winkeln des Heubodens den Nestern der Hühner nachspürten, und es sprang mit, wenn ich mich vom obersten Heuboden auf den frisch aufgestockten, untersten Boden fallen liess. Es wartete dann auch im Schulalltag stets sprungbereit und besetzte mich im Lauf der Jahre immer mehr.

Die Herrenwelt und das Mädchen

Trotzdem war es zu Hause am besten. Dort gelang es mir am ehesten, der atemlosen, beklemmenden Unwirklichkeit zu entkommen. Auch das Chaos erhält durch seine Wiederholung Konstanz. Unvermittelt wechselnde Stimmungen, seelische Wechselbäder, Wut- und Hassanfälle werden dir schliesslich ein vertrautes Gerüst, in dem du dich anklammerst und kletternd fortbewegst.

Zu Hause? Zu Hause ist ein Ort, wo du dich geborgen weisst, wo du dich wie ein müdes, krankes Tier verkriechen kannst und deine Wunden heilen dürfen. Zu Hause ist ein seelisch-geistiger Ort, dessen Schönheit, Wärme und Friede dich glücklich macht und wo du deine Stärke findest. All das war mein Zuhause sicher nicht. Das wusste ich als Kind nicht. Ich fühlte bloss, dass die Welten, in denen ich zu funktionieren hatte, mich auseinanderrissen. Draussen, auf unbekanntem Gelände, nicht zu fassen mit den Massstäben, die ich in mir trug, wurde ich erst zu «einer, die auszog, das Fürchten zu lernen».

Ich sehe mich als kleines Mädchen eine lange, leere Strasse entlang wandern, in den Kindergarten, zur lieben Tante Hanni. Dass sie lieb war, wusste ich von Mama, und dass ich sie Tante nennen musste, ebenfalls. Aber ich hatte Angst.

Ich sehe mich in einer Wohnstube stehen, im Haus der Lehrerfamilie, deren Söhne Heinz und Hans mit meinem Bruder spielten. «Nicht anlehnen, nicht stören, nichts berühren, sich anständig aufführen, nichts Dummes sagen, fremd sein», hiess der Befehl in mir. Ich hatte Angst.

Ich sehe mich ein grosses, graues Haus betreten. Ein kleines Mädchen wohnte dort. Mama liess mich zu ihm hingehen, aber es wusste in mir, dieses Kind «war nicht mein Umgang». Warum nicht? Hinter der zweifelnden Frage stand Angst.

Ich hätte gern meine Schulkameradin in der dritten Klasse besucht. Ihre Mutter arbeitete als Putzfrau. Diese Tatsache genügte, um nicht hinzugehen. Zudem würde das Mädchen «nur» Lehrerin werden. Das hatten wohl ihre Eltern für sie beschlossen. Ich war für das Gymnasium vorgesehen. Denn «das Kind ist begabt und gescheit», sagte die Mutter mit Stolz, und gute Eltern fördern ihr Kind. Diese in mich gesetzten Erwartungen wollte ich absolut erfüllen. Ein Kind zu fördern um seiner selbst willen oder um den mütterlichen Ehrgeiz mit dem dahinter stehenden Minderwert zu beruhigen, sind zweierlei Dinge. Davon wusste ich nichts.

Aber ich wollte vor allem sein wie ein Junge. Mein Mädchen-Dasein hatte wenig oder nichts mit dem Leben meiner Märchenprinzessinnen zu tun. Ein

Junge sein war *besser*. Das wusste ich tief in mir. Das Wissen war durch Erfahrungen und Botschaften des täglichen Lebens zu Hause erhärtet und ausser Zweifel gesetzt:

«Wer bringt das Geld nach Hause?»
«Wer geht jeden Tag pünktlich ins Büro?»
(Rhetorische Fragen mit versteckter Wertung.)
«Du kannst mit meinem sauer verdienten Geld nicht umgehen.»
«Wer arbeitet und schuftet für euch?»
(Sexistische Wertung.)
«Du bist eine Drecksau und Saumätz, eine Hure.»
«Du bist eine Hure wie die Alte.»
«Dieses Dreckloch ist nicht zum Aushalten. Nächstens esse ich auswärts.»
«Ich brauche meine Ruhe, wenn ich müde von der Arbeit für euch nach Hause komme.»
«Jetzt ist's dann Schluss. Es ist fertig, fertig. Ich verkaufe das Haus. Dank mir habt ihr die längste Zeit ein Dach über dem Kopf gehabt.»
(Lauter vernichtende und herabwürdigende Etikettierungen und Drohungen.)

Und die gegnerische Seite kontert als eine, deren weiblicher Selbstwert sich in der Rolle des beschmutzten Opfers gefällt:

«Ich hocke den ganzen Tag, jahrein, jahraus zu Haus und mache deinen Dreck.»

«Nächstens verklage ich dich. Ich zeige den Herren dann die blauen Flecken. Sie werden dich zwingen, mir mehr Haushaltgeld zu geben.»

Gleichzeitig die Verniedlichung und Verleugnung des Geschehens und Szenarios, in welchem wir Kinder mitzu«spielen» hatten: «Kommt Kinder, in die Küche! Der Papi ist wieder nicht im Strumpf. Er ist müde. Wir müssen ihn in Ruhe lassen!»

So sitzt die Henne mit den verschüchterten Kükken am inlaidbelegten, verlöcherten Küchentisch. Ab und zu verwandelt sie sich blitzschnell in ein wütendes Hackhuhn, verschwindet ins Esszimmer und kommt türenknallend, erregt und befriedigt wieder in die Küche gestürzt. Die Küche ist weiss gekalkt; fünfeckige Fliesen aus Zement bedecken den kalten Boden, Wasserdampf hängt im grell erleuchteten Raum. Die Fenster haben sich mit Feuchtigkeit beschlagen, sind blind. Die Läden sind wie jeden Abend wegen des Hereinsehenkönnens geschlossen worden. Sie sind drin: eine Frau, zwei Mädchen, ein kleiner Junge und, im Esszimmer, allein am weissgedeckten Tisch, ein Mann. «Trautes Heim, du allein!» lernte ich im Deutschunterricht. «My home is my castle», übersetzte ich im Englisch. «Das Vaterhaus», um das ich zitterte, wenn sie tobten, kannte ich bis in den hintersten Winkel:
– Läden schliessen,
– die vom Milchmann gelieferte Milch in den Krügen vom WC-Fenster hereinholen,

- Hauseingang, äussere und innere Kellertreppe wischen,
- Türschwellen und Flecken im Holzboden mit Stahlspänen reiben, den Holzstaub zusammenkehren, wichsen und glänzen,
- alle Schuhe putzen. Rechte Hand und rechter Arm stecken im Schuh, linke Hand bürstet – Männerschuhe sind gross und schwer,
- auf dem Feld frühmorgens vor der Schule Löwenzahn ausreissen, im Korb zu den Kaninchenställen tragen,
- Badewanne mit Putzmittel reinigen, Küchenboden wischen, WC putzen, Bügeln helfen, Wäsche aufhängen helfen, Wäschestickel herumtragen, Klammern entgegenstrecken, Teppiche über Stange ziehen, klopfen helfen,
- Schüttstein säubern, Küchenabfälle in den Garten tragen, den Hühnern Wasser hinstellen, Socken zusammenlegen und übereinanderstülpen, einkaufen in Coop, Pferdemetzgerei und Bäckerei,
- Tisch decken, abräumen, abtrocknen, rüsten, kochen, backen helfen, die Luftklappe der Kohlenzentralheizung aufstellen oder hinunterlassen ...

Solcherart waren Aschenputtels Beschäftigungen. *Es* durfte sich in eine Prinzessin verwandeln. *Ich* blieb inwendig die längste Zeit meines Lebens Aschenputtel. Gehirnwäsche, Dressur, Programmierung, vorgelebtes und ungezählte Male wiederholtes Muster: Wie ich es auch nennen mag, mein

«Gut»fühlen hing (und hängt?) von solchen Tätigkeiten ab. Als Mamas Trabantin war ich ihr stets zur Hand, konnte ihr auf diese Weise «nahe» sein. Die unauslöschliche Hoffnung, ich könne durch mein Tun, durch Bravsein, durch Verzichten die Liebe dieser beiden einzigen Menschen, denen ich gehörte, erringen, hielt mich am Über-Leben.

Der Bruder? In keiner der aufgelisteten Beschäftigungen taucht er in der Erinnerung auf.

Auch Papa nicht. Sein einziges und von mir deshalb auch bewundertes, sichtbares Können bestand im Flicken und Ersetzen von kaputten Sicherungen, Steckdosen und Steckern. Darin ahmte ich ihn schnellstens nach. Mit Kabeln, kleinen Schrauben und Elektromaterial zu hantieren, vermittelt mir noch heute die Illusion, besonders o.k. zu sein.

Sein wie Vater, sich identifizieren mit Vater, sich identifizieren mit dem Mann, sein wie ein Mann. Sein wie der, der dich Hure nennt. So kann ich mit den Schrecken leben.

Papa erscheint auch nicht beim Arbeiten im Garten, nicht bei Verrichtungen im Haus, nicht beim Helfen bei Schulaufgaben, nicht bei einer Gute-Nacht-Geschichte. Bei nichts erscheint er.

Die Dinge in Gang halten, Hand anlegen, das Männliche bedienen, mehr Arbeit auf sich nehmen, das hiess Mädchen sein, zukünftige Frau sein. Es hiess minder-wertig sein, sich minder-wertig fühlen.

Das wollte ich nicht und war es doch schon, war Mamas kleine Kopie, ging in ihrem Schlepptau, tat nach ihrem Geheiss. Nach wessen Geheiss denn sonst?

Die tief verinnerlichte und zerstörerische Lektion heisst: «Das Männliche verachten und doch werden wie ein Mann. Sich dem Männlichen unterordnen und werden wie ein Mann.»

Als kleines Mädchen hatte ich dafür keine Worte. Ein kleines Mädchen kann mit einem solchen Wirrwarr von Gefühlen und Widersprüchlichkeiten nicht leben. Für mich aber stand fest: Was Mama mir vorlebte und was in mich einsickerte, war eine verächtliche, gedemütigte, enge, begrenzte und schmutzige Welt. Ich war ein Mädchen, gehörte zu dieser Welt und konnte ihr nicht entkommen.

Die wirkliche Welt gehörte dem Männlichen. Dem, was unter dem Wort «Herr» Platz fand. Herrlich wäre es, die männlichen Freiheiten haben zu dürfen. Ihnen gehörte alles, sie verfügten über alles, sie durften alles, sie hatten über alles Rechte: der Herr Lehrer, der Herr Polizist, der Herr Pfarrer, der Herr Doktor, der Rats-herr, der Herr König, die Herren Beamten, wie mein Vater einer war, und auch der Herr-Gott. Ohne Vaters Unterschrift durfte ich nach den Ferien mein Zeugnis nicht in die Schule zurücktragen, auch wenn er sich sonst nie um meine Schule kümmerte. Mutters Unterschrift galt nicht.

Mutter hasste ihre Machtlosigkeit, hasste ihren Mann dafür, dass auch er das durch Gesetz und Gesellschaft gestützte Recht beanspruchte, Herr über Geld und Haus und Frau und Kind zu sein. Aber auch sie hatte sich mit dem Aggressor identifiziert, und ohne ihn fühlte sie sich ein Nichts, ein Mond ohne Sonne. Dieses traurige Credo lebte sie mir vor, Tag für Tag, so wie es ihr als weiblichem Kind vorgelebt worden war, so wie die Tochter es blind Tag für Tag ihrem weiblichen Kind würde vorleben müssen. Wie eine Seuche, wie eine Art seelisches AIDS. Aber im tiefsten hasste sie sich und den Mann dafür. Wie musste sie zutiefst ihr männliches Kind, ihren kleinen Sohn, hassen! Er würde ihr in die andere, die herr-ische Welt, entgleiten können. Aber noch war sie oben. Noch gehörte der kleine Pfüder-Mann ihr. Nie würde sie ihn freigeben, wenigstens ihn nicht. Über ihn hatte sie Teil an der Macht der männlichen Welt. Er sollte sie für ihr Gedemütigt-Sein schadlos halten.

Welche Ver-rücktheit! Der Sohn musste den Rahmen ausfüllen und zum Bild im Bild werden, das jedes der Eltern als Produkt eigener Ängste, Frustrationen und Verkrüppelungen in sich trug.

Der Pfüder schaffte das Unmögliche nicht. Er fiel aus dem Rahmen heraus und starb.

Auch *den* Rahmen, in den mich meine mir zugeteilten Rollen pressten, war ich nicht gewillt auszufüllen. Ich rebellierte. Ich spielte nicht mit Puppen.

Mädchen spielen mit Puppen. Von Babies wollte ich nichts wissen. *Mütter* haben Babies. Wie ein Bub wollte ich auf dem Misthaufen spielen und auf Bäume klettern. Und ich wollte in die Schule wie ein Junge. Ein Jahr nach dem Bruder trat ich aus der Dorfschule ins Progymnasium über, ein erster, gewichtiger Schritt in die männliche Welt. Nun fuhr ich wie Papa viermal jeden Tag sieben Minuten lang per Bahn in die Stadt. Wie Papa, nicht mit Papa. Wohl bestiegen wir am Morgen den gleichen Zug und kehrten mittags zur selben Zeit zurück, um kurz vor zwei Uhr wieder mit dem gleichen Zug in die Stadt zurückzufahren. Er verliess das Haus stets ein bis zwei Minuten früher, und ich achtete darauf, dass der räumliche Abstand zwischen uns sich nicht verringerte. Seinen Gang von hinten sehe ich vor mir: Hut auf dem Kopf, den Überzieher über Kittel und Gilet angezogen, was ihn massiger aussehen liess, als er war. Die oft von mir gewichsten, schwarzen Schuhe schön glänzend; in der linken Hand den Griff des schwarzen Herren-Schirms, der im Rhythmus der Schritte vor- und zurückschwang. An seiner rechten Hand baumelnd die Ledermappe. Ein Beamter, ein Herr, der sich zum Glück nie nach seiner kleinen, neunjährigen Tochter umwandte.

Dann standen wir beide am Bahnhof. Er dort, wo er wusste, dass der Erstklasswagen stillhalten würde. Ich viel weiter vorn, bei der ungepolsterten Wagenklasse und den gewöhnlichen Leuten. Selten einmal forderte er mich auf, mich zu ihm ins Erste-Klasse-Abteil zu setzen. Er musste dann Zuschlag bezahlen, und dafür fühlte ich mich schuldig. Steif und beklommen sass ich neben dem Fremden, meinem Vater, und beantwortete folgsam die Fragen des gegenübersitzenden Herrn, den mein Vater kannte und dem er seine Tochter vorführen wollte. In der neuen Klasse machten wir fünf Mädchen die kleine Minderheit unter zweiundzwanzig Knaben aus.

Verschiedene Lehrer formten und begleiteten von nun an meinen Tagesablauf und mein Innenleben:
einer für Mathematik,
einer für Geschichte,
einer für Deutsch,
einer für Geographie,
einer etwas später für Latein,
einer für Religion,
einer für Zeichnen und Singen –
und eine junge Frau mit affektiertem Gehabe für das mir verhasste Mädchen-Turnen.

Männliche Übermacht – weibliche Minderzahl. Oder männliche Überzahl und weibliche Ohnmacht? *So* schien es mir.

Minder sein war mir vertraut. Ich wusste damit zu überleben. Mein Minderwert hatte mich längst durchtränkt, den Grund um mein Sein weggespült. Ich hatte gelernt, von der kleinen Insel, auf der ich lebte und die stets abzudriften drohte, mit akrobatischen Sprüngen eines Clowns schnelle, oberflächliche Scheinkontakte zu andern herzustellen. Ich musste ja das Geheimnis hüten. Niemand durfte wissen, wie ich wirklich war und wie es wirklich war. Stets munter und mit Spässen eingedeckt, gebärdete ich mich als Clown unter den Kindern meiner Klasse. Das Minder-Sein verwandelte sich in mir in ein Gefühl des Besonders-Seins. Ich schaffte es, todtraurig nach schrecklichen elterlichen Szenen von zu Hause wegzulaufen und grinsend das Klassenzimmer zu betreten. Oft blieb wohl meine Seele auf der Strecke. Seelen sind unsichtbar.

Von *einer* Sache war ich besessen: Ich durfte nicht versagen. Und das war schwer, denn es galt, das Schulpensum in einer Gruppe von ebenso «begabten und gescheiten» Kindern wie ich zu bewältigen, Kindern, die keine solchen familiären Belastungen zu tragen hatten, denen es weniger schwer gemacht wurde, soziale Kontakte zu schaffen, die nicht unter solchem Druck standen und die darum wohl besser lernen konnten als ich.

Der Mathematik- und Klassenlehrer pflegte uns auf Kopfrechnen zu drillen. Jeden Tag zu Beginn der Stunde hatten wir aufzustehen. Er knallte uns die Rechenaufgaben entgegen, und wer zuerst die richtige Antwort schrie, setzte sich triumphierend und erleichtert. Dieselbe Methode wird auch heute noch von Lehrern mit Vorliebe angewandt. Robuste Kinder – solche, die es geworden sind – kommen dabei gut weg. Auch laut und hemmungslos schreien zu können, ist bei solchen Verfahren ein Vorzug. Mädchen sollen nicht schreien. Das gehört sich nicht. Buben sollen schreien. Ein richtiger Bub schreit. Im Militär muss «mann» auch schreien können. Sexismus im Kinder-Alltag.

Trotz täglichem Herzklopfen und der Panik, vor der Klasse blossgestellt zu werden, schaffte ich es immer, nicht die allerletzte zu sein. Es gab Kinder – und an einen bleichen, stillen Knaben erinnere ich mich besonders mit einer eigentümlich quälenden Scham –, die vor Angst wirklich erstarrten. Der Lehrer geriet darüber ausser sich. Er brüllte den Schüler an, seine wulstigen Lippen unter dem Schnurrbart bebten vor Wut, und der Kopf schwoll hochrot an. Wiederholt sah ich den Jungen bewusstlos zusammensinken. Gefällt wie ein Baum lag er im Mittelgang des Schulzimmers zwischen den Pultreihen.

Der Lehrer hatte aufgehört zu toben. Kein Kind bewegte sich mehr. In dieser unerhörten Stille fanden solche Rechenstunden ihr Ende. Nicht ein Vater, keine Mutter erschien je vor der Klasse, um den Herrn Lehrer zur Rede zu stellen. Kinder verraten ihre Gewalt-Täter nicht. Sie fühlen sich schuldig, und sie haben Angst.

Im ersten Probehalbjahr am Progymnasium hatte meine Sehfähigkeit rapide abgenommen. Auch in der vordersten Sitzreihe konnte ich das Geschriebene an der Wandtafel nicht mehr lesen. Für den Rest meines Lebens wurde mir eine Brille verpasst. Mit dieser Krücke hatte mein Unbewusstes keine Möglichkeit mehr zu streiken. Es gelang mir, mich auf dem fahrenden Zug festzuhalten. Bis auf weiteres.

Bedrohungen und Rettungsversuche

Ich war ein fleissiges Mädchen. «Du darfst dem Herrgott den Tag nicht stehlen», war ein bevorzugter Leitsatz von Mama für uns Kinder. Alle ihre drei Kinder funktionierten ordentlich nach ihren Vorstellungen. Auch die Schwester war «auf den Zug aufgesprungen», wie Mama es nannte, und hatte die Aufnahmeprüfung in die höhere Töchterhandelsschule bestanden. Der Bruder konnte alljährlich dem Vater das blaue Büchlein mit «Promotion bestanden» zur Unterschrift vorlegen. Regelmässig stand darin zwar wie bei mir ein Vierteljahr vorher «Promotion gefährdet». Aber wir nahmen beide jeweils die Hürde, und Mama bestätigte stolz: «Das Material ist gut.»

Der Erinnerungsnebel Angst hängt auch über diesen Jahren. Am meisten litt ich unter dem innern, einsamen Eingesperrtsein. Ich sehnte mich nach Nähe wie nach einem verlorenen Paradies.

Da war Letizia, meine Banknachbarin. Ein sanftes Römerkind, dessen lange, schwarze, offene Haare das ebenmässige Oval ihres Gesichtes umrahmten. Lange, satte Wimpern lagen auf ihren samtenen, mandelförmigen Augen. In meinen Augen war sie wunderschön und rein und unschuldig. Einmal, während der Pause auf dem WC, drehte sie sich von mir weg und bat mich mit natürlicher Selbstverständlichkeit, ihr die Binde, die sie trug, besser zu befestigen. Wozu die Binde gut war, wusste ich noch nicht. Für ihr Vertrauen und die warme Welle von Nähe aber liebte ich sie heiss.

Das Thema Binde wurde für mich etwas später aktuell, als ich Warmes, Klebriges innen an meinen Schenkeln herunterlaufen fühlte und meine kontrollierende Hand von Blut rot war. Panik. Die Mutter machte kurzen Prozess: Sie legte mir ein breites Gummiband um die Taille und nähte mit ein paar Stichen vorne und hinten in der Mitte je ein weiteres, herabhängendes Band an. Aus einer zerrissenen Windel faltete sie ein längliches Paket, dessen beide Enden sie mit je einer Sicherheitsnadel an den Bändern feststeckte. Nun die weiten Unterhosen aus Baumwollstoff darüber. Natürlich, ein etwas weiter Rock musste während «meiner Tage» getragen werden, damit die zwischen den Beinen steckende Pakkung nicht zu sehr auftrug. Während der Anprobe der Muster-Windelpackung fand Mutter Gelegenheit, mir das Nötige zum alltäglichen Geschehen zu erklären. «Das kriegst du jetzt jeden Monat. Alle Mädchen und Frauen haben das. Mach kein Theater darum, es ist nichts Besonderes.»

Die Gleichung lautete: Fruchtbar sein, erwachsen werden gleich dicke, störende, demütigende alte Windeln tragen.

Susi hiess ein anderes Mädchen meiner Klasse. Mehrmals wurde ich von ihr zum Essen eingeladen, wenn wegen des Schulbadens mein Heimweg über Mittag zu lang wurde. Sie wohnte in einem Patrizierhaus mitten in Bern, wo ihre Eltern ein Metzgereifachgeschäft betrieben. Diese Mittagessen übertreffen sich noch in der Erinnerung an Pracht und Üppigkeit. Am langen Tisch sassen auch mehrere Mitarbeiterinnen und Mitarbeiter und tafelten nach dem Motto: «Wer lustig arbeitet, soll auch lustig essen.» Meine innere Welt kollidierte mit diesem fröhlichen Schlaraffenland. Ich wagte nicht, meiner Gier nach dem guten Essen nachzugeben. Ich hatte gelernt, zu einem Angebot höflich «Nein, danke» zu sagen.

Menschen können vor dem vollen Tisch des Lebens verhungern, wenn sie früh genug davon überzeugt worden sind, dass ihnen keine Rechte zustehen.

Da gab es noch ein Mädchen, grossgewachsen, schlaksig, jungenhaft, mit eigenwillig abstehendem Kraushaar. Auf dem Weg dem Fluss entlang ins Mädchenturnen entdeckten wir auf einer Sandbank eine angeschwemmte Katzenleiche. Adrienne watete langbeinig in die niedrig fliessende Aare hinaus und zog die Katze am Schwanz an Land. Von wissenschaftlichem Eifer besessen, erklärte sie uns, wie sie den Kadaver zu Hause sezieren würde. Beeindruckt von ihrer Eigenständigkeit, begleitete ich sie samt Katze nach dem Unterricht nach Hause. Sie wohnte in einem lichten, grosszügigen, schönen Haus. Ihre Mutter begrüsste uns ruhig und freundlich und liess uns allein.

Was mit der Katze geschah, ist aus meinem Gedächtnis entschwunden. Aber die Erinnerung an das Gefühl schmerzlichen Neids ist geblieben. Neid?

Das vierte Mädchen war klein und glaubte sich hässlich. Sie konnte die affektierte, gekünstelte junge Gymnastiklehrerin nicht leiden. Von dem lächerlichen Gehüpfe und dem weiblichen Getue fühlte sie sich provoziert. Die Lehrerin zog sich in der eigenen Garderobe um. Ihre kosmetischen Wiederherstellungsbemühungen waren zeitlich aufwendig. Der Hauptschlüssel zu den Garderoben musste jeweils nach Unterrichtsende beim Abwart im Hauptgebäude aufgehängt werden. Das Mädchen blieb als letzte in der Schülerinnengarderobe zurück. Sie wusste, dass die Lehrerin mit dem aufreizenden Namen Zwicky sich mit den letzten kosmetischen Retouchen beschäftigte. Leise entfernte sich die Schülerin, verriegelte den Eingang, ging und hängte den Schlüssel an seinen Platz. Das arme Fräulein, erzählte man sich, musste die ganze Nacht in der Garderobe warten. Meinen schalen Triumph konnte ich mit niemandem teilen.

Ausserhalb des Schulalltags nahmen meine wöchentlichen, von Mama geförderten Klavierstunden ihren Fortgang. Die unterrichtende Dame amtierte als Organistin in unserer Dorfkirche. Sie bewohnte eine enge Dachwohnung im «Stöckli» des danebenstehenden, alten Bauernhauses. Sie litt unter schmerzenden Füssen und Einsamkeit. Das erste Leiden war an dem verzinkten, ovalen Becken ersichtlich, schräg am linken Ständer des Pianos angelehnt. Während ich meine Finger in chromatischen und andern Tonleitern auf der Tastatur auf- und niederbewegte, badete Fräulein ihre Füsse, vor denen mir grauste, im lauwarmen Wasser. Dieses quasi Tête-à-tête vor dem Klavier, vertieft durch vertrauliches Getratsche, mit dem sie das Spiel unterbrach, strapazierten meine ohnehin reduzierte Fähigkeit, körperliche und andere Nähe zu ertragen.

Trotz des in mir wachsenden Widerstandes blieb ich eine fleissige Schülerin; ihre beste, wie sie stolz (auf wen?) festhielt. Auf Wunsch meiner Mutter und um ihr zu gefallen, leierte ich gekonnt den «fröhlichen Landmann» herunter, ein Klavierstück, bei dessen musikalischem und technischem Niveau die Klavierkarriere meiner Mutter seinerzeit ihr Ende gefunden hatte. Stellvertretend für sie arbeitete ich mich nun durch die meisten Stücke «ihrer» Damm-Klavierschule. Mama sass daneben und war vielleicht glücklich.

Spannung und Widerstand gegen Klavierlehrerin-Mutter-Dammschule wurde ich schliesslich vorübergehend los. Am Eingang zum Organistinnenhäuschen prangte ein falsch glänzendes, schwarzes

Schild, das Name und Stand der Bewohnerin kundtat. Die Schrauben in den vier Ecken des Schildes waren schnell gelöst, das Schild auf die Rückseite gewendet und wieder angeschraubt. Während ich mich an den Tonleitern festhielt, berichtete mir die Dame entrüstet vom Unrecht, das ihr von unbekannten, bösen Buben angetan worden war. Von «Wut tut gut» und «Schadenfreude ist die reinste Freude» war nichts mehr in mir. Die Lehrerin tat mir leid, und ich fühlte mich schäbig.

Etwas später bekam ich eine andere Klavierlehrerin. Als Pianistin war sie Mitglied des Berner musikpädagogischen Verbandes und nahm daher einen höhern künstlerischen und moralischen Rang ein als die alte, fussbadende Organistin des Dorfes. So rückte auch ich eine Stufe höher und mit mir Mutter. So einfach ist das. Die neue Lehrerin trug denselben Familiennamen wie ich. Das war keineswegs ein Zufall. In seiner Freizeit befasste sich mein Vater neben der Fotografie auch eingehend mit Genealogie, was sich in unserem Fall am besten mit Herkunftsforschung übersetzen lässt. Diesen Drang in ihm kann ich heute gut nachempfinden, bin ich doch in dieselbe Bemühung auf andere Weise verstrickt. Nur – *er* fand keine Er-lösung. Er war dem Mann zu vergleichen, der unter der Strassenlaterne suchend umherirrt. Ein vorbeikommender Polizist erhält auf seine Frage, ob der Mann etwas suche, die Antwort, er habe seine Schlüssel verloren. Beide suchen sie nun gemeinsam. Schliesslich erkundigt sich der Freund und Helfer, ob denn die Schlüssel wirklich unter der Lampe verlorengegangen seien. «Nein», sagte der Mann, «aber hier sehe ich wenigstens etwas, hier ist es hell.»

«Dank» der Suche meines Vaters nach dem Verlorenen und Verschütteten am falschen «Ort» mit Hilfe der Genealogie hielt das Musische und Edle in Form der namensgleichen Familie Einzug in unser Haus: die Einladung zu einem Quartettabend, die Bekanntschaft mit Schuberts «Winterreise», von der meine Mutter fortan sprach, wie wenn sie stets Teil des mütterlichen Kulturschatzes gewesen wäre, ein Besuch der eben im Berner Stadttheater auf dem Programm stehenden Mozart-Oper. Leider verwechselte Mutter Kunst mit «Karakter». Künstler galten ihr als unantastbare, moralisch und ethisch höherstehende Menschen. Nachdem dem Herrn Bassisten mit Zarathustras Stimme auf der Bühne Blumen aus Mutters Garten als Ovation überreicht worden waren, liess er sich herab, unser Haus mit seinem Besuch zu beehren.

Er kam immer wieder, absolvierte im Garten auf dem Kopf stehend seine Yogaübungen, brachte auch sein Töchterchen mit (eine Mutter schien es nicht zu geben), trug beim Abschied regelmässig Mamas (Opfer-)gaben in Form von Blumen, Eiern oder Gebackenem mit sich fort. Und er fand auch die Töchter des Hauses, die grosse und die kleine, wenig älter als sein Mädelchen, berührenswert. Mama, statt ihm eine Ohrfeige zu geben, klebte seine schwungvoll signierte Fotografie in das nun notwendig und standesgemäss gewordene Gästebuch.

Dieselben Begabungen zeichneten auch den Ehemann der neuen Klavierlehrerin aus. Er war nicht Sänger, sondern Cellist, auch er liebte sein einziges, leider epileptisch gewordenes Töchterchen heiss, demonstrierte dies handfest und war der schüchternen Klavierschülerin gegenüber zärtlich-freundlich.

Aber – diese ganze sexualisierte Männerwelt, in der die Frauen verlogen und heuchlerisch mitspielten, wurde von niemandem beim Namen genannt!

Mein Mich-klebrig-Fühlen in dieser Gesellschaft, mein Mich-innerlich-in-den-Ecken-Herumdrükken, weil ich nicht *raus* konnte, lebte offenbar nur in *meiner* Einbildung, war *mein* Gespinst, war nicht *wirklich.*

Ich war falsch und verdreht. Mit *mir* stimmte nichts. So war es immer gewesen, und darum war auch nirgends Hilfe zu finden und zu holen.

Ein Kind kann nicht Hilfe holen, wenn ihm – offiziell und konkret – nichts als böse Anerkanntes getan wird. So Unter-der-Hand-berührt-Werden, so Etwas-länger-festgehalten-Werden, so ein separatverstecktes, besonderes Lächeln auffangen, so ein Wann-kommst-du-wieder-Schätzchen-Blick, ein besonderer Blick, bedrohlich, heimlich, lähmend. Wenn *sie*, die Mutter, die Lehrerin, es nicht sehen, den Blick nicht sehen, sie, die doch erwachsen, wissend und überlegen sind, dann kann nichts Unrechtes, Bedrohliches dabei sein. Also bleibt das Kind, das Mädchen, also blieb ich wachsam und reaktionsunfähig zugleich. Gezwungen, neugierig zu sein, denn nur dank Informationen gibt es Chancen, sich zu schützen. So einfach ist das.

Die Maus vor der offenen Falle

Die neue Intimität vor dem Klavier in der wöchentlichen Stunde mit der neuen Lehrerin war peinlich und auf diffuse Weise eine Gefahr. Die Dame, gleichen Namens wie ich, was das unangenehme Gefühl von Nähe verstärkte, kleidete sich mit vorgerückten Jahren, verglichen mit meinem Dutzend, kokett-matronenhaft. Der zappelig-kugelrunde Gatte schien ihre Bemühungen um seine Aufmerksamkeit, die er um so freigebiger über sein Töchterchen und mich ausgoss, nicht zu bemerken. Die Gattin leistete sich den Luxus nicht, gekränkt zu sein. Unverändert freundlich und farblos lächelnd, schien mir ihr Gesicht um so hässlicher, als ihre vogelhaft ausgeprägte, knorpelige Nase, mit bleicher Haut wie Pergament straff überzogen, die restliche Süsse des Ausdrucks Lügen strafte.

Es mag sein, dass meine Darstellung aus der Erinnerung wenig wohlwollend ausfällt. Aber in Wahrheit ergänzen unsere inneren, wahren Augen das äussere Bild und malen es mit den Farben unserer Gefühle aus.

Das Widersprüchliche, Doppelbödige, Unwahre, Hässliche, Schmerzhafte beherrschte auch diese drei anscheinend glücklichen Menschen.

Aber meine Abwehr gegen das Verlogene und die Lügen konnte mich nicht schützen, da niemand mich in meinen wahren Gefühlen bestätigte und sie mit mir teilte.

So hatte ich leider mit Angst und Abwehr längst einen eigenen Umgang finden müssen – denselben wie meine Mutter: einfach verleugnen, die Angst ignorieren, sie wegschicken, tun, als ob sie nicht da wäre. Der unerträgliche Warner schweigt schliesslich, aber er kann auch nicht mehr beschützen. Immer neu, immer mehr und immer wieder muss die verneinte Angst herausgefordert und überlistet werden. Gerade in *die* Gefahr, welche mich am meisten bedrohte, musste ich mich hineinbegeben. Denn ich musste mir beweisen, dass Gefahr nicht da war, dass Angst unbegründet war. «Siehst du, kleine Maus, die Falle ist keine Falle, sie schnappt nicht zu.»

Seit ich etwas vom Wesen der Angst begriffen habe, verstehe ich die grässliche Panik meiner Kinderalpträume besser. Wenn alle weggedrückte, verleugnete Angst aufs Mal zurückschlägt, wenn der aufgerichtete Angstdamm bricht, dann überschwemmt Panik das ganze Sein.

Niemand, auch und vor allem Mutter nicht, mochte und konnte die Träume lesen, die mich über Jahre terrorisierten:

Ich stehe auf dem Boden eines unsichtbaren Aufzugs in braungrauem Nichts. Der Aufzug flieht mit mir nach oben. Unten, atemberaubend schnell winzig werdend, steht meine Familie. Papa, Mama, die Schwester, der Bruder. Die lautlose Höllenfahrt in eine öde, irre Höhe ist einsam und grauenhaft. Verlassenheit und Angst sind grenzenlos. Ich bin nur noch Schrei.

Der andere Traum war identisch. Nur lief er wie ein Film immer wieder auf horizontaler Ebene ab:

Ich stehe meiner Familie in einer unendlichen, schmutziggelben Wüste gegenüber. Wie ein riesiger Teppich beginnt sich die Wüste abzurollen. Ich stehe auf der schmalen Kuppe der Rolle und entferne mich in rasender Geschwindigkeit von den andern. Verlassenheit und Angst sind so grenzenlos, wie die Wüste um mich herum. Ich bin nur noch Schrei.

Beim Wiedereintritt in die Wirklichkeit nach diesen immer wieder durchlittenen Träumen sehe ich im weissen Licht Vaters wütendes Gesicht über dem weissen Nachthemd. Ich höre in meiner Verwirrung seine Verwünschungen. Besser eine Hure sein, als dort allein in jener Angstwelt sterben zu müssen.

Viel später lerne ich Bilder von Salvador Dalí kennen. Sie zeigen dieselbe unendliche, gelbe Wüste und Menschen mit zerfressenen, schrecklich zerstörten Gesichtern. Ob Dalí seine Todeslandschaften aus der Erinnerung gemalt hat?

In diese Zeit fiel ein lichtes Erlebnis, ragt aus dem wattigen Grau des Erinnerungsnebels:

Nach der Konfirmation trat die Schwester einer internationalen reformierten Jugendgruppe bei, und nun öffneten sich die Türen unseres Hauses. Ein junger Holländer, einige Tschechen, ein Australier benützten es als Absteigequartier. Die Gäste der Schwester waren in Wahrheit Mutters Gäste. Sie badete im Wohlgefallen über die neu entdeckte Internationalität und gefiel sich als Gastgeberin der jungen Schar. Das Fünfzimmerhaus platzte aus den Nähten. Plötzlich gab es Geld. Es wurde getafelt, gefeiert. Die Sehenswürdigkeiten der Bundesstadt mussten gezeigt werden; schliesslich waren wir Schweizer. Als Fremdenführerin bereits brauchbar, begleitete ich die jungen Leute durch die Altstadt. In der Münstergasse steht der Film still: Peter, aus der fernen Stadt Prag – Praha, sage ich respektvoll der Mutter nach –, nimmt wie ein grosser Bruder in seine grosse Hand meine kleine. So bummeln wir durch die Gassen. Ich bin eine Angenommene! Ich bin o.k. Es war die einzige brüderlich-starke Hand meiner Kindheit.

Mutters Gastfreundschaft trug ein Jahr später die erhofften und erwarteten Früchte in Form einer Einladung nach Prag, in die Familie meines grossen Freundes Peter. Hektik, Streit, Widerstand von seiten des Vaters, Aufregung, ein Gesuch für mich – natürlich abgelehnt – um eine Woche Dispens vom Unterricht vor den Sommerferien, schliesslich die Abreise von Schwester mit Mutter (oder umgekehrt) in die Tschechoslowakei.

«Wenn jemand eine Reise tut, so kann er was erzählen» wurde für geraume Zeit das geflügelte Wort von Mama. Ich möchte ergänzen: «... streift sie eine Haut ab und eine andere über.» Mutter wurde durch Orts- und Milieuveränderungen jeweils in beängstigender Weise verwandelt. Wenn sie, selten genug, mit uns ins Simmental fuhr, fing ihre Stimme auf Oberländerart an zu singen, bekam einen metallischen Klang. Im Zürcher Oberland verwandelte sie sich mit Leichtigkeit in eine deftige Bäuerin. Der Zürcher- und der Simmentaler Dialekt und ihr befremdliches Gehabe verunsicherten mich und trennte mich ab. Mir war, als liesse sie sich von der Umgebung, in die sie geriet, einsaugen und umtauschen. Es war, als bliebe sie nicht bei sich und ginge mir verloren. Und so war es wohl auch. Die Tschechoslowakei krempelte Mutter um. Es gab nur noch Prag, nur noch den Herrn Professor und seine Familie, seine Steinsammlung aus dem böhmischen, mährischen oder welchem Gebirge auch immer, die historische Wichtigkeit des Herrn Professor als Begründer der tschechischen Pfadfinderbewegung (ein Glück für Mutters Prestige, dass Pfüder, mein Bruder, ebenfalls Pfadfinder war). Es gab nur noch die charakterliche Integrität dieser Leute, ihren Mut, Nicht-Kommunisten zu sein, wo doch die politischen Strukturen in der Tschechoslowakei eine solche Haltung praktisch unmöglich machten. Es gab nur noch die begabten Söhne, die wir uns als Vorbild nehmen sollten (unter Aufzählung der Studien, die sie trieben), die treu sorgende Gattin und die fette Gans, die man lebendig auf dem Markt gekauft hatte, um den Gästen, gemeint ist Mutter, Ehre anzutun, indem man sie – die Gans – erst zu Hause köpfte.

Es gab nur noch Joachimsthal, Masaryk samt Fenstersturz, Beneš, Šokol-Fest, Karlsbrücke, Wenzelsplatz samt Geschichte des heiligen Wenzel, Smetana (wie war es nur möglich, dass wir von dem vorher nie etwas gehört hatten), das Volkstheater und seinen Brand und Wiederaufbau und ... und ... Ganz nebenbei erfuhr ich, dass Mutter ihrer achtzehnjährigen Tochter inmitten des Menschengewühls auf dem Wenzelsplatz eine deftige Ohrfeige verpasst hatte. Mehr hervorgehoben wurde ihr Besuch auf der Schweizer Botschaft. Bitte, sie befand sich auf dem Hradschin, dem Schloss, dem ehrwürdigsten Ort der Stadt, wie es sich für eine Schweizer Botschaft geziemt – und Mutter wurde dort empfangen; wozu weiss man nicht – ist auch nicht wichtig. Wichtig ist die Tatsache, das Wichtig-Sein, das Beachtetwerden, und sei es nur als «unversehrte» Bürgerin einer vom Krieg verschonten Schweiz.

Meine Ironie bemüht sich, beissend und bitter zu sein. Sie kann nicht beissend und bitter genug sein. Denn solche Haltungen von Menschen, auch wenn sie Mütter heissen, machen schliesslich jemanden zum Opfer. Denn wenn eine(r) sich oben gebärdet, braucht er/sie eine(n) unten, eine(n) schwächere(n), abhängige(n).

Verkauft, verraten

Das Intermezzo auf der Heimreise von Prag über Wien, im Zug, von Mutter inszeniert und ausführlich, genüsslich und begeistert erzählt, führte mit ihrer Hilfe zu meinem tiefsten Leid und lebenslangem Unglück.

Der reiselustigen und offenbar unbekümmerten Dame in Begleitung der kaum flüggen Tochter war unterwegs das Geld ausgegangen. Es fehlten ihr die österreichischen Schillinge, um im Zug zu bezahlen. Ein charmanter, begüterter (Mutters Worte) und nobler Herr (ebenfalls Mutters Worte) half ihnen aus der Klemme. Er lieh Mutter grosszügig Geld. Das ihr entgegengebrachte Vertrauen ehrte sie so, dass sie ihn gleich in die schöne Schweiz, nach Bern einlud. Denn das hiess drei Fliegen auf einen Streich schlagen:

Erstens zeigte sie sich seines Vertrauens würdig und von der besten Seite; zweitens sonnte sie sich in einer neuen, interessanten und internationalen Bekanntschaft; und drittens, nicht zu vergessen, war «frau» als Mutter verpflichtet, eventuell ergiebige, sogenannt wertvolle Verbindungen für die Zukunft der Töchter anzuknüpfen. Das sollten die Töchter, bitteschön, dankbar zur Kenntnis nehmen.

Er kam.

Ein Herr war er, in besten Jahren, mit Embonpoint; «stattlich» heisst das bei einem Mann, «aus der Form gegangen» bei einer Frau. Er war gross gewachsen in meinen Augen. Jeder Mann ist für ein Kind – durch Mutter und Vater mit Respekt, sprich Angst, gegenüber Erwachsenen angefüllt – gross. Seine fliehende Stirn zeugte von Intelligenz, sagte Mama, und ich glaubte ihr. Seine Sprach- und Weltgewandtheit färbte durch die blosse Präsenz des Gastes auf unsere Enge ab. Seine Hände waren weich, weiss. Sie waren gepflegt, manikürt, lernte ich.

Mutter zeigte sich von ihrer vorteilhaftesten Seite. Dazu gehörte das vorgängige Putzen von Haus und Vorplatz, das Pflegen des Gartens, das Einkaufen. Der Ehre, die unser Haus erfuhr, wurde so Genüge getan. Ein ansehnlicher Teil dieser Ehre fiel mir zu: «Geh, hol, bring, trag, warte, schau, pass auf, bück dich, mach vorwärts, kannst du nicht, willst du wohl...!»

Dann war er da.

Mutters überschwengliche Dienstfertigkeit, liebedienerisch, laut und mit einem peinlichen Anstrich von vertraulicher Unterwürfigkeit, reizte und beschämte mich.

Ich konnte nicht verstehen, aus welchem Grund sie so sehr darauf bestand, den Gast durch mich ins Nachbardorf zur Gemeindekanzlei begleiten zu lassen. Der Weg war weit. Er führte aus unserem Dorf hinaus und über Felder eine Fussstunde ins nächste Dorf. Ich weigerte mich. Aber Widerspruch ertrug Mutter nicht. Sie hatte eine lose Hand. Die Geschichte vom Wenzelsplatz und der Schwester war noch frisch. «Ich will dir sagen, wer hier zu befehlen hat, und ich will dich lehren, bockig zu sein. Du hast zu gehorchen. Verstanden!»

Noch mehr Demütigung vor dem fremden Mann? Ich gehorchte.

Mutter hat meinen Stolz, meine Würde nie wahrgenommen. Sie selbst hatte keine. Sie hat mich benützt. Sie hat weitergeschwatzt, was ich ihr anvertraut habe und was mich oft Kraft und Mut gekostet hat. Sie hat über mich geredet als ihren Besitz und über mich verfügt als ihr Eigentum. Sie hat mich gedemütigt. Sie hat mich lächerlich gemacht. Sie hat ihr Wissen über mich missbraucht. Ich war ihr als Vertraute gut genug, und sie hat absolute Zustimmung und mein Beipflichten gefordert. Sie hat mich zur Verräterin gestempelt, wenn ich nicht nach ihrem Wind gesegelt bin. Sie hat mich dazu missbraucht, ihr Ich aufzublasen. Sie hat sich mit meinen Federn geschmückt und ist wie ein Gockel damit herumstolziert. Meine Klugheit war ihre Klugheit. Mein Fleiss war ihr Fleiss. Meine Begabung war ihre Begabung. Meine Lebendigkeit war ihre Lebendigkeit.

Mein Körper war ihr Körper? Ja. Aber sie «wusste» es nicht. Sie hat von mir gelebt.

Ich aber fühlte das alles. Ich wusste es in meinem Fühlen. Ich litt daran. Ich wurde dadurch in meiner Abwehr geschwächt.

Meine Federn, mit denen sie sich schmückte, fehlten in meinem Kleid. Aber sie war die Mutter. «Lieb' Mütterlein», heisst es zärtlich im Lied. «*Mis Müeti*», sagt man im Dialekt warm. «Du sollst Vater und Mutter ehren», befiehlt die Bibel. «Kindespflicht», entscheidet das zivile Recht. «Sind's gute Kind', sind's brave Kind'?» fragt der Dichter. «Für die liebe Mutter» steht auf dem Muttertagsgeschenk des Kindes.

Und es selbst, das Kind, will und muss die Mutter annehmen und lieben. Es ist ja seine einzige Mutter.

Auf dem Weg über die Felder war sonst niemand. Nur das Mädchen, ein Kind mit Zöpfen und Kniestrümpfen und kurzem Rock und gehemmt und schüchtern und beschämt und nicht wissend, wie die lange Zweisamkeit zu überstehen sei.

Und da war der Herr, gekonnt sich ausdrückend in weichem, schmeichelndem Österreich-Deutsch, überlegen und wissend, wie die lange Zweisamkeit zu überstehen ist.

Ein ungleiches, unpassendes Paar und eine diffus intime Zweisamkeit war es.

«Meine Mutter hat gewollt, den anderen ich nehmen sollt'», las ich später in Storms «Immensee».

Die Mutter, meine Mutter, hat dem Herrn Türen aufgetan. Sie gaben ihm Einblick in meine kleine, armselige Existenz, meine Wehrlosigkeit, durchtränkt mit Scham, Verunsicherung, Angst, Erniedrigung, die das Geheimnis enthielten. Die schützende Distanz, die mir meine Weigerung mitzugehen gewährt hätte, Mutter hatte sie wegbefohlen.

Ich ging rechts, und er ging links. Er nahm meine Hand in die seine. Es war nicht Peters brüderlich grosse Hand. Ich musste meine Hand in der Hand des Herrn liegen lassen. Da war nun etwas Unausweichliches zwischen den erwachsenen Mann und das Kind gekommen. Es, das Kind, wusste, dass er, der Mann, wusste, dass es mit niemandem über dieses Hand-in-Hand-Gehen reden würde. Er wusste, dass es, das Kind, ein Geheimniskind war. Es war leicht für ihn, das Kind zur Komplizin zu machen. Das war der Anfang. So einfach war das. So einfach ist das. Heute. Immer noch. Immer wieder. Immer mehr?

Die Erinnerung an das Ende des Hinwegs ist verschüttet. Eine Erinnerung an das Zurückkommen gibt es keine mehr. Es gab wohl auch nie eine. Das atembeklemmende, schwachmachende Gefühl des Ausgeliefertseins, das dumpfe Wissen um die Falle, für die ich Maus war, zog meine Aufmerksamkeit wie in einem Brennpunkt zusammen und liess die Wirklichkeit versinken. So begann mein einsamer Weg einer kleinen, kindlichen «Liebhaberin», sprich Befriedigerin. Er führte nicht mehr über Felder. Es standen keine nickenden Ähren mehr am Wegrand, und kein roter Klatschmohn leuchtete. Er war ein dunkler Tunnel ohne Ende. Eine Geisterbahn des Schreckens und Wehgeschreis.

Jetzt, da ich endlich Worte finde, um das Unaussprechliche zu nennen – hat sich die unendlich verjüngte Röhre doch zu einem Lichtpunkt geöffnet? Ich weiss es noch nicht sicher. Aber ich weiss, dass einige Rosen am Rosenstock meines Lebens noch blühen werden. Zu viele halbgeöffnete Knospen mussten verwelken.

Herr Kasche, der Herr aus Österreich, lud für die langen Sommerferien die ganze Familie ins Salzkammergut ein, nach St. Wolfgang, ins «Haus am See». Mutter sagte, wir dürften uns «von» schreiben, mit ihm bekannt, ja befreundet zu sein. Wir verdanktem ihrem Charme und ihrer Begabung die wertvolle Beziehung. Und wir waren ihm und ihr zu Dank verpflichtet.

Alles geriet im Haus aus dem Häuschen. Es war ungeheuerlich, so zu verreisen. Mitten im Sommer den Garten sich selber zu überlassen, die Katze, das Haus! Nicht die grosse, schon berufstätige Schwester, aber sogar der Vater würde mitreisen. Die Reise war lang. Feldkirch–Innsbruck–Salzburg. Eigentlich fühlte ich mich wie ein Gepäckstück. Ich wurde einfach mitgenommen, ahnte dumpf etwas von meiner Rolle als geheime Hauptperson. Über den Wirrwarr meiner Gefühle und das Durcheinander in meinem Kopf wollte niemand etwas wissen. Ich sehe uns in Salzburg, umgeben von Koffern, in der Empfangshalle des Hotels Kasererbräu stehen, ein wohlanständiges, stilles Haus an der Kaigasse in der Salzburger Innenstadt. Dank Herrn Kasches Brieftasche und seinem Charme, mit dem er besonders Frauen gegenüber freigebig umging, wurden wir wie VIPs empfangen: «Na, bitteschön, gnädiger Herr, jawohl, gnädige Frau», und «möchte das kleine, gnädige Fräulein vielleicht ...?» Neugier, Angst, Schüchternheit, Scham, Verwirrung, Beklemmung, Mich-freuen-Wollen: ein Bündel Chaos war ich bloss.

Ich hatte kein Geld, aber meine Eltern hatten plötzlich viel davon, denn der österreichische Schilling lag nach dem Krieg darnieder. Mit ihren gewechselten Schweizer Franken waren meine Eltern Könige. Der Zustand muss berauschend gewesen sein.

Wenn meine Mutter an meinem Aussehen Kritik übte, sagte sie nicht: «Das finde ich nicht in Ordnung. Ich meine, das oder jenes wäre angebrachter.» Sie sagte nicht einmal: «Wie schaust du denn aus?» Ihr Ausspruch war: «Was machst du wieder für eine Falle?» Es scheint, dass ich an jenem ersten Tag in Salzburg in den Augen von Herrn Kasche auch «eine Falle» machte. Nachdem er die Familie aus der Schweiz im Hotel untergebracht hatte, verabschiedete er sich für eine Weile und nahm mich mit. Als erstes führte er die Dreizehnjährige in einen vornehmen Salzburger Frisiersalon. Dort wurden mir die Mädchenzöpfe abgeschnitten, und nach den Instruktionen des grossen Beschützers erhielt ich die erste Dauerwelle meines Lebens. Lange Zeit sass ich auf jenem Stuhl, denn das Prozedere der künstlichen Locken brauchte seine Zeit. Mit elektrisch geheizten Wicklern wurden die chemisch vorbehandelten Haare dauer-gekraust. Ich wagte mich nicht zu rühren, roch aber das Verbrannte und spürte den heftigsten Schmerz. Es war mein Ohr, das anbrannte. An solchen Erinnerungen muss ich mich heute festhalten, um glauben zu können und zu fühlen, was damals mit mir geschah.

Mir selber fremd geworden und völlig vom Geschehen überwältigt, liess ich mich von ihm anschliessend in ein schickes Modehaus führen. Die Verkäuferinnen schienen ihn zu kennen und nahmen ihm seine Wünsche für mich vorweg. Ich stand alsbald in einer Kabine, und es wurde mir mein Röcklein ausgezogen, ein umgeändertes Kleid meiner Tante aus Basel, aus Kunstseide, in dunklen, diskreten Farben, mit damenhaftem Rosenmotiv. Die bedienenden Verkäuferinnen stellten diskret fest, dass mir auch die Unterwäsche fehlte. Weder hatte ich bisher Bekanntschaft mit einem Kleidergeschäft gemacht, noch besass und trug ich bis dato einen Büstenhalter. Und offenbar waren in der Hektik der Abreise aus Bern auch die Unterhosen vergessen worden. Mit Charme halfen die jungen Damen dem Manko ab. Herr Kasche stand vor der

Kabine, begutachtete die beigebrachten Dessous und die bereitgehängten Kleider und schaute gelegentlich betont beiläufig durch den Vorhang, um das Objekt und seinen Verwandlungsvorgang zu überprüfen.

Ein Herr und eine kleine Dame verliessen schliesslich das Geschäft an der Getreidegasse. Ich trug noch meine speckgesohlten Schuhe und schwitzte in den gestrickten wollenen Socken. Zum rot-weiss karierten Pied-de-poule-Kleidchen mit dem adretten, breiten, weissen Kragen erhielt ich deshalb noch ein Paar rote, hübsche Sandalen. Ich kannte mich selbst nicht mehr, und als mir selbst fremd gewordenes Geschöpf sass ich dann mit meinem Gönner im Kaffeehaus Tomaselli, wo ein wunderbarer Eiskaffee mit Schlagobers auf das Tischchen vor mich hingestellt wurde.

Kaffeehausbesuch, Einkleidung, Eiskaffee, Schlagobers, neue Haartracht: offenbar kein Kind mehr. Eine überwältigende neue Welt, mit Überfluss an Geld. Keine(r), die mich herumkommandierte, jemand, der sich anscheinend um mich sorgte und es offenbar gut mit mir meinte. Aber die überwältigende neue Welt war keine wirkliche Welt. Sie war ein Strudel, in dem ich Orientierung und den letzten Halt vollends verlor. Als kleines, wohldressiertes gnädiges Fräulein im kindlich früh entwickelten Körper schnappte ich nach Luft. Damals und durch viele, viele Jahre meines Lebens wusste ich nicht, dass ich als eine Überlebende, als eine Ver-*gewalt*igte ohne Schrei, als ein zurechtgestutztes und -gepresstes Objekt zu funktionieren hatte.

Ein Mensch – zum Objekt gemacht – ist nicht mehr Mensch. Das ist die wahre Verstümmelung. Aber man sieht sie ja nicht wie den Stummel eines amputierten Körperteils. Der «Phantomschmerz» der zerstörten Ganzheit aber ist unerträglich. So unerträglich, dass die zwanghaften Vorstellungen zu «verschwinden», sich «auszulöschen», zu sterben oft der einzige Weg scheinen, diesem Schmerz zu entkommen. In meiner hilflosen Verwirrtheit suchte ich mich immer und immer wieder un-gewusst, unbewusst, ganz zu machen. Intelligenz, Verstand und unendlich viel Bemühen «halfen» mir in diesem Kampf um mein zerstückeltes Selbst. Ein zum Scheitern verurteiltes Bemühen, wenn man die Schlüssel dort sucht, wo es hell ist – im Kopf –, anstatt dort, wo man sie verloren hat, in der dunklen, gequälten Seele.

Gegen Abend führte der Freund das «Putzerl» und «Muckerl» ins Hotel zurück. Die beiden neuen, für mich verwendeten Bezeichnungen sind blosse Oberbegriffe, geltend für weibliche, appetitliche, sehr junge Personen. In den darauffolgenden Jahren habe ich ihn nie meinen nur zu mir gehörenden Namen nennen hören.

Mein Sein war ihm einfach Gattung und nicht Individuum. Aber wie konnte ich das erkennen und durchschauen und darauf reagieren! Auch das war Ver*gewalt*igung. Auch das war Hilflosigkeit.

Die übelste Gewalt wird dort ausgeübt, wo das Opfer sie nicht wahrnehmen kann; das ist wahrlich totale Vergewaltigung.

Unter dem Schock meiner neuen, umgestülpten Realität war ich gefühlstaub. Trotzdem erinnere ich mich, noch heute, mit Staunen an die Konfrontation mit meiner Mutter. Hätte ich selbst es gewagt – eine kaum denkbare Vorstellung –, mir die Haare abzuschneiden, Mutter hätte getobt. Aber jetzt war sie entzückt. Meine neue Erscheinung, das Geld, das ich offenbar wert war, der charmante Herr, unter dessen Protektion sie sich stellvertretend für die Tochter aufgewertet fühlte, liess sie anders reagieren. Wie damals, als sie mich mit ihm zwei Stunden über Feld schickte, vermittelte sie mir eine klare, nonverbale, zwingende Botschaft: «Ich billige alles, was unser Freund wünscht und tut. Ich bin entzückt davon. Ich nehme dich nicht in Schutz, und ich fühle nicht mit dir und für dich, sondern *sein* Wünschen und Wollen und Tun heisse ich gut und begünstige ich.»

Meine Mutter hielt die Angel, und ich war Köder und Fisch zugleich. So nahm denn die Geschichte ihren Fortgang.

Das Opfer und sein Überwältiger

Lange Zeit glaubte ich – und dieser Glaube war Teil der Last meines Lebens und der Deckel zum Geheimnis, das ich zu hüten hatte –, die Ereignisse in Österreich wären *mein* schuldhafter Akt meines Lebensdramas gewesen.

Seit ich die Schlüssel aber dort suchen kann, wo sie verlorengegangen sind, in der tiefen Dunkelheit meiner trostlosen Kindheit, öffnen sich Türen des Verstehens und Erkennens. Sie machen die Last der mir selbst auferlegten Schuld leichter. Mein Rücken streckt sich, und die Schmerzen lassen nach.

In jener ersten Nacht schlief ich nicht im Hotel Kasererbräu. Herr Kasche würde das Haus am See für unsere Ankunft vorbereiten müssen. Natürlich konnten mein Bruder und ich gleich mitfahren. Das Haus lag in nächster Nähe des «Weissen Rössls am Wolfgangsee, wo das Glück vor der Tür steht», wie es im Titellied der Operette so vielversprechend heisst. Mutter trällerte das Lied in den kommenden Jahren mit Lust. Herr Kasche fuhr einen kleinen, neuen Nachkriegs-Austin. Nur betuchte Leute konnten sich im ausgebluteten Österreich damals ein Auto leisten. Woher das Geld unseres Protektors kam, war nicht erfindlich, aber es öffnete ihm Türen lächelnder und zuvorkommender Freundlichkeit und Untertänigkeit. Die Eltern wollten auch nicht wissen, woher das Geld kam. Diese Seite des Geschäfts ging sie nichts an. Und ich wusste noch nichts von Schiebertum.

Das Haus am See stand dunkel, unbewohnt und fremd da. Herr Kasche richtete meinem Bruder und mir auf dem Boden des Wohnzimmers ein Lager her. Vielleicht liess diese mütterliche und für uns Geschwister von einem Mann ungewohnte Geste das Eis schmelzen. An jenem folgenschweren Abend fand mein sonst so stiller, schüchterner Bruder Worte. Er schüttete dem an uns teilnehmenden Menschen buchstäblich das schwere Herz aus. Da war jemand – endlich – der hörte, der zu verstehen schien. Der Bruder redete von zu Hause, vom Streit, von der Angst, von den Tätlichkeiten, den Drohungen, der Not und seiner Verlassenheit. Ich sass erschüttert dabei, hätte den Strom seiner Worte zuschliessen mögen und blieb stumm. Herr Kasche hörte verständnisvoll zu. Er war der erste Mensch, den wir hinter den hohen Zaun in unsere Welt blicken liessen. Das schaffte Vertrautheit. Sie machte mir grosse Angst. Und ich fühlte tiefe Scham. Auch *mein* Inneres hatte der Bruder blossgelegt. Ich war jetzt noch schutzloser, wie nackt.

Bevor Herr Kasche schliesslich im Nebenzimmer schlafen ging, küsste er mich. Die eklige, fordernde, fremde Zunge in meinem Mund machte mich starr.

Mit dem neuen Geheimnis lag ich wach, verschreckt, in Angst und Schuld.

Tags darauf, im hellen Sonnenschein, schien der Vorabend ein geträumter, böser Spuk. Auch die Eltern fanden sich im Haus am See ein. Nichts erfuhr die Mutter über diesen ersten Abend. Wie wäre der Bruder als Verräter an der Familie dagestanden, wenn sie von seinen Geständnissen erfahren hätte! Wie hätte sie mich mit ihren Fragen und Kommentaren beschuldigt, verletzt und blossgestellt! Welche Szene wäre daraus geworden! Ich fürchtete mich vor ihr und vor dem, wozu sie fähig war. Ich wusste, dass ich zu schweigen hatte. Es gab nichts zu reden, nichts zu sagen, nichts zu fragen. Ich brauchte keine Hilfe, denn es gab auch keine zu holen. Aber ich hatte Angst vor dem Dunklen, Unbekannten, noch Namenlosen, worauf ich zuglitt. Die Angst in mir dehnte sich aus. In alle Richtungen. Ich war ausweglos, hoffnungslos, verdammt ausgeliefert. Ich war ein Tier, in der Ecke zusammengekauert, zusammengeklumpt, so überwältigt, dass ich im Augenblick des Sterbens keinen Laut tun würde.

Die Episode war unsäglich schäbig und gemein: Ein fünfzigjähriger Mann missbraucht das Vertrauen des Bruders und der Schwester, beides Kinder in Abhängigkeit.

Herr Kasche hatte «geschäftlich» hüben und drüben der deutsch-österreichischen Grenze zu tun.

Trotzdem fand er Zeit, sich um die biedere Schweizer Familie zu kümmern, die dank seiner Grosszügigkeit sonnige Sommerwochen genoss. Höhere deutsche Zollbeamte samt Gattinen fanden sich zusammen mit dem Gastgeber im Haus am See ein. Ihr Savoir-vivre, ihr Auftreten imponierte den Eltern. Spät abends fuhren die Herrschaften in ihrem Wagen nach Salzburg zurück. Obwohl das Auto schon voll besetzt vor der Einfahrt stand, äusserte Mama die Idee, mich mitfahren zu lassen. Nochmaliges Aufreissen der Türe, das «Putzerl» hineingeschoben, hineingezogen. Schon sass ich auf des Herrn Schoss, und man fuhr ab. Alsbald glitt seine Hand in den Ausschnitt des Pied-de-poule-Kleidchens, zwängte sich unter meinen Büstenhalter und blieb auf meiner Brust liegen. Das in der Ecke kauernde Tier bewegte sich nicht. Es stellte sich tot: «Nicht wahr, wenn ich schon tot bin, wirst du mir nichts mehr tun?»

Die Berührung war besitzergreifend, gekonnt, geübt, gewusst und endgültig.

«Wenn das meine Mutter wüsst', das Herz im Leib tät' ihr zerspringen!» So klagte die Gänsehirtin-Prinzessin im Märchen. Die Mutter in meiner kitschig-schmutzigen Geschichte, hat sie gewusst? Es wäre leichter für mich, wenn ich glauben dürfte, sie habe nicht gewusst.

Ich könnte mir die Illusion ihrer «Liebe» bewahren. Aber die Wahrheit ist anders. Damals hätte ich sie nicht überlebt. Heute muss ich hinschauen, den Schmerz nochmals bewusst auf mich nehmen und sehen, dass Mutter mich nicht in Liebe, Fürsorge und Verantwortung geschützt hat. Sie gab mich preis. Sie selbst stiess mich ins Leid. Sie war nicht nahe, nicht da. Was muss dieser Frau einst als selbst hilfloses und schutzbedürftiges Kind angetan worden sein, dass sie die Wirklichkeit *ihres* Kindes nicht hat wahrhaben können?

Und der Vater? Er war da. Er war da-bei. Das ist «historisch» erwiesen. Aber meine Erinnerungsaugen sehen ihn nicht, und meine Erinnerungsohren hören ihn nicht. Wollte er auch hier «seine Ruhe haben» und nicht gestört werden? War er vielleicht in seinem tiefsten, finstersten Innern froh, dass die Etikette, die er mir als kleines Mädchen schon angeheftet hatte, Wirklichkeit zu werden versprach? Oder hatte er seinen Teil an dieser Etikette, und gibt es daher noch eine andere Wahrheit, die mein Unbewusstes noch ausblendet, weil mein Bewusstes sie noch nicht ertragen kann?

Als Vater viele Jahre später starb, hatte ich keine Tränen. Einer scherbelnden, zersprungenen Grammophonplatte gleich leierte es anlässlich der Beerdigung in mir: «Jetzt ist's zu spät, jetzt ist's zu spät, zu spät.» Was war zu spät?

Ich sehe mich im dunkeln aus dem Auto steigen. Wir sind in Salzburg. Die Strasse heisst wichtig

Grossadmiralhaus-Strasse. Hochparterre rechts. Eine Vorstadt-Häuserzeile. Alles harmlos und normal. Die Nummer 3 stand an dem zweistöckigen, kleinbürgerlichen Reihenhäuschen angeschrieben. Die Grössenverhältnisse waren mir vertraut. Kein Grund zur Angst! Frau Geboldsberger, die Wohnungsbesitzerin, begrüsste ihren Untermieter respektvoll-herzlich. Meine Gegenwart schien für die Frau, die meine Mutter hätte sein können, natürlich und richtig. Harmlos und normal. Noch einmal: kein Grund zur Angst! Das Zimmer bot Platz für das Bett, für ein Tischchen mit zwei Stühlen und einen Kleiderschrank. Eine Absteige. Ich erinnere mich an die Tasse Tee, welche Frau Geboldsberger vor mich auf das Tischchen stellte. Ich sitze im Stuhl in der Ecke des Zimmers. Das Tier bettelt: «Tu mir nichts. Denn schau, ich bin ganz hilflos! Ich bin dir ausgeliefert.» Das Kind sagt: «Ich bin noch nicht richtig aufgeklärt. Ich weiss davon nichts.»

So versucht es, Zeit zu gewinnen, sich zu retten. Es schämt sich seiner Hilflosigkeit. Er, der grosse Mann, beruhigt es auf seine Weise. Er werde ihm alles sagen und zeigen. Was? Frau Geboldsberger hat sich diskret zurückgezogen. Die Tür hat sich geschlossen. Sie sind drin. Es gibt keine Alternative. Wie einst in der weiss gekalkten, dampfigen Küche und wie einst auf dem väterlichen Knie vor dem weiss gedeckten Esstisch.

Es gibt nur ein Bett, neunzig Zentimeter breit, weiss bezogen, von Frau Geboldsberger, der Zuhälterin, dem Monster. Aber daran dachte ich nicht. Nun sehe und höre ich nur noch Fetzen.

Ein nacktes Mädchen liegt auf dem Rücken.
Es schämt sich, nackt zu sein.
Er hat es defloriert, sagt er.
Es hätte Blut geben sollen, sagt er.
Aber es gibt kein Blut. Zum Glück, denkt das Mädchen. Es hätte sich sonst vor Frau Geboldsberger des Blutes wegen schämen müssen.
Das Mädchen weint bitterlich.
Das ist normal. «Alle Mädchen weinen nachher», sagt er.
Es schämt sich der Tränen.

Ich bin aus dem Mädchen ausgestiegen. Ich sehe seinen Körper, meinen Körper und den Körper des Mannes dort liegen. Ich sehe mich weinen. Ich sehe hinunter auf dieses verstörte, vergewaltigte, verratene weibliche Kind. Ich selbst bin dieses weibliche Kind, und unhörbar schreit es in mir: «Du verstehst nicht, du weisst nicht. Nichts verstehst du, nichts weisst du.»

Ich wusste, mein Weiblich-sein-Müssen hat mich vernichtet.

Die kommenden Tage, Monate, Jahre werden ein Traum, ein Alptraum sein. Ein Teil von mir ist in jener Nacht an der Grossadmiralhaus-Strasse 3 gestorben, getötet worden. Und ich bin aus diesem gestorbenen Teil herausgestiegen. Da lag «nur» noch mein Körper. Ich selbst war nicht mehr darin. «Ich» hatte «mich» hinausgerettet. Von jetzt an konnte «mir» nichts mehr geschehen. Denn ich hatte mich von meinem missbrauchten, erniedrigten Körper getrennt. Er fühlte nichts. Er war ohne Seele. Er wurde mechanisch. Ich konnte ihn benutzen, und er konnte benutzt werden. Er würde sich nicht mehr als fühlender, mich führender Körper mit mir entwickeln. Er würde mich nicht mehr in meiner seelischen, geistigen Reifung begleiten, mich beglücken, mir Spass machen, mir Freude und Lust bereiten, mich stolz machen. Er war ein fertiges, kleines Instrument, mit allem, was dazugehört. Ein angenehm gestalteter, weiblicher Behälter zum Befriedigen von männlichen Bedürfnissen. Ein besserer Nachttopf. Ich verachtete diesen Körper wegen seiner Erniedrigung. Ich würde ihn nicht behüten und schützen. Ich hatte mich von ihm losgesagt.

Auch meine Kindheit, sofern mein Leben vorher so genannt werden konnte, wurde abgeschnitten. Die Jahre des Heranwachsens, in denen ein junger Mensch langsam, entsprechend seiner inneren Reife, zusammen mit Gleichaltrigen seinen Platz in der Welt der Erwachsenen findet, wurden mir amputiert.

Wohl behielt mein äusseres Da-sein seine Chronologie. Ich sollte mich an die einzelnen Stufen, Ereignisse doch erinnern können. Doch nur die besonders demütigenden und schlimmen Stationen ragen aus dem Schlamm, in den ich immer tiefer glitt. Ich will einige vorwegnehmen: Promotion gefährdet. Nicht promoviert. Ich konnte nicht mehr denken, nicht mehr lernen, nicht mehr behalten. Freiwilliger, schamvoller Austritt aus dem Gymnasium. Vorsprechen müssen im Rektorat. Der Rektor, etwa 45 Jahre alt, in besten Alter wie unser Hausfreund, gepflegte Hände und Sprache, gekonntes, sicheres Auftreten, Embonpoint, überlegen und mitleidlos: «Ein Mädchen wie du gehört nicht ins Gymnasium. Du kannst vielleicht eine Schneiderinnenlehre machen.» Das «wie du» enthielt alle Geringschätzung, enthielt das abschliessende Urteil, das mich hinunterstiess und mir ein Mal einbrannte. Herumirren in der Stadt. An Eisenbahnböschungen ganze Tage dumpf sitzen. Nicht weiter können. In Vaters Nachttisch ein Röhrchen Chinintabletten finden und sie alle schlucken. Drei Tage Sehstörungen. Mutter schickt mich in eine Privatschule.

Den Eltern Kosten verursachen. Deshalb Vorwürfe einstecken. Mich schuldig fühlen. Am Morgen nicht aufwachen können. Wieder Schule schwänzen. Schlaftabletten schlucken. Trostlos.

Die «Macht» des Opfers

Nein, chronologisch kann ich nicht berichten. Denn es gab nur noch das brennende Geheimnis in meinem Mittelpunkt, dessen glühendes Gift meine in Stücke zersprungene Existenz verätzte. Fasse dich Putzerl, Muckerl, mit den zwei wachsenden Spass-Laberln! Von dieser Nacht an gehörte «ich» ihm. Niemand sprach das aus, aber so war es, und jeder in der Familie wusste es. Mutter war so stolz auf den reichen, väterlichen Beschützer ihrer frischgebackenen Teenager-Tochter! Sie genoss die gelegentliche charmante Gesellschaft der Zollbeamtengattin. Durch Herrn Kasche rutschte Mama in die Nähe der Neo-Nachkriegs-High-Society der Neureichen Alt-Österreichs. Ihr Selbstwertgefühl blähte sich auf, und es sah aus wie ein Aufblühen. Vielleicht war sie froh, dass die Tochter durch Herrn Kasche sozusagen ständig «belegt» war. In immer neuen gefälligen Kleidern, mit Lackhandtäschchen und schüchternem Kindchen-Frau-Lächeln musste ich für diese Herren attraktiv gewesen sein. Zumindest diente ich als anspruchslos-harmlose Garnitur und Gehilfin bei der Abwicklung der Geldtransaktionen und Devisenverschiebungen. Das kleine gnädige Fräulein sass bei Sonnenschein für Stunden dekorativ auf der Parkterrasse im Grandhôtel Bad

Reichenhall inmitten mondäner Kurgäste. Er hatte es hier abgesetzt, und irgendwann würde ein Unbekannter es auffordern, ihm das dicke Bündel Geldscheine in seinem hübschen Täschchen zu überreichen.

Ein anderer Erinnerungsblitz zeigt mir das Putzerl in seiner väterlichen Begleitung im altehrwürdigen Hotel Gabeler Bräu in Salzburg vor einem feudalen Nachtessen sitzen. Ein Vergleich mit dem mütterlichen Weihnachts-Wiener-Würstchen-Kartoffelsalat drängt sich nicht auf. Ungarische, schwarzäugige, heissblütig sich gebende Geiger umschmeicheln die Kleine mit süsser, wilder Zigeunermusik. Dank den lässig hervorgezogenen und unauffällig überreichten Geldscheinen weichen sie nicht mehr vom Tisch der beeindruckten, verlegenen Mini-Dame.

«Julitschka, die Julitschka, aus Buda-Buda-Pest,
die hat ein Herz aus Paprika, das keine Ruhe lässt.
Wenn die kleine Julitschka am Abend schlafen
geht,
dann hat sie mit Allotria uns ganz den Kopf
verdreht.
Ei, ei, Mamma, was die alles kann,
die zieht genau wie ein Magnet die Männerherzen
an.
Ei, ei, Mamma, was die alles macht,
erst macht sie uns total verrückt,
dann sagt sie "gute Nacht".»

Ich verstand unterdessen die Botschaft des Liedes an mich sehr wohl. Ich wusste, was ich zu tun hatte.

Angepasste, dressierte Kinder tun immer, was der erwachsene Aggressor will. Sie fühlen seine Wünsche und kommen ihnen zuvor. Da diese Gesellschaft das Opfer schliesslich auch schuldig spricht und den Täter entschuldigt, sagt «mann» dann, es, das Opfer, habe verführt. Wen? Den hilflosen Verführer?

«Mann» nimmt verlogener- und bequemerweise nicht wahr, dass das Opfer, ganz einfach um zu überleben, um davonzukommen, sich sozusagen auf die Seite des Täters, des Vergewaltigers (in welcher subtilen oder weniger subtilen Form auch immer) schlagen muss. Die Angst und der Schmerz über die erlittene Gewalt (in welcher subtilen oder weniger subtilen Form auch immer) können so überwältigend sein, dass sie töten (auch dem Suizid geht eine Art des Tötens voraus). So ist es für jedes Opfer. So war es für mich. Aber ich wusste es nicht. Noch lange nicht. Ich wusste es ein Leben lang nicht. Ich wusste es nicht, bis ich mich der Schmerzen wegen von jemandem an der Hand nehmen lassen musste. Jemandem, der sachte begann, mich zurückzubegleiten in die einsamen Schrecken, Demütigungen und Todesängste von damals. Damit ich die Wahrheit sehen lernen und ertragen lernen konnte. Damit ich aus dem Alptraum erwachen konnte und beginnen kann, den Rest meines Lebens zu leben.

Aber damals, ein Opfer der Angst, der Manipulation und der Gewalt, wollte ich ein braves Muckerl und ein liebes Putzerl sein und bot meine Spasslaberln und alles übrige, was mich sonst noch weiblich machte, willig zum Gebrauch. Auch ich hatte die Julitschka zu spielen und den Herrn verrückt zu machen. Das geschah an der Grossadmiralhaus-Strasse, in mondänen Hotelzimmern in Wien, Innsbruck und an andern prominenten Orten, die ich noch zu nennen habe.

In den fünf Sommerferienwochen lernte ich wahrhaftig das liegende Gewerbe. Ich glaubte fest, ich sei jetzt eine Hure, und fühlte eine schmerzliche Solidarität mit diesen Frauen. War es doch so: Ich hatte meinen Körper anzubieten, und den Eltern wurden dafür Ferien geboten. Eine klare Rechnung.

Wenn heute Hände meinen Hinterkopf nach unten drücken, dann sind es die Hände, mit denen er das Kind im Bett nach unten drückte. Ja, ich brachte ihn oral zum Orgasmus. Ich lag unter ihm und vollführte wie ein Marionettchen Bewegungen, von denen ich gemerkt hatte, wie und dass er sie haben wollte. Ja, ich stöhnte und spielte meine Rolle, damit er seinen Rückzieher, wie er es nannte, zustande brachte. Ja, ich schaute dabei kühl und voll Verachtung den beiden von oben zu. Denn es war erbärmliche, traurige Lüge. Und ich verachtete dieses Mädchen und seinen Körper. Und ich verachtete auch den Mann, dass er sich belügen lassen wollte und mitlog. Ich wusste damals und noch lange nicht, dass jeder Täter selbst einmal Opfer gewesen ist.

Für das, was dieser Körper sich gefallen liess, bestrafte ich ihn auf vielerlei Weise. Ich missachtete seine Bedürfnisse, behandelte ihn unsorgfältig und gleichgültig. Ich überforderte ihn und fügte ihm Schmerzen zu. Während Jahren zerkratzte ich mir Gesicht, Arme, Beine und Rücken, bis tiefe Löcher entstanden, die nicht heilen konnten.

Und während Jahren und Jahrzehnten durchstöberte ich sporadisch Bücher, die mir bitte sagen sollten, was ein Orgasmus ist, was frigid heisst, warum gerade ich nichts empfand und nicht normal war. Wie konnte ich wissen, dass mein Körper in jener Nacht verstummt war, aufgehört hatte, mir Botschaften zu schicken, den Schmerz und darum auch die Lust nicht mehr spüren durfte. Er würde mir nicht mehr helfen können zu fühlen, da ich den Einklang mit ihm abgeschnitten hatte, er sich von meinem Selbst getrennt hatte. Mein Selbst, das Tier, sass in der Ecke und stellte sich tot.

Aber ich überlebte. Ich kehrte in die Schulwelt zurück, in eine andere Welt, in der die Männer-Lehrer oben lagen und die Schülerin unten zu sein hatte; lateinische Vokabeln, erste Texte aus «bellum gallicum»; Relativ-, Konditional- und andere Nebensätze; die Schlacht am Morgarten und andere Schlachten. Krieg und Eroberung, sprich Mord und Diebstahl, deren Jahreszahlen ich auswendig zu wissen hatte, denn sie sind Meilensteine männlicher Grösse, Tapferkeit und Bildung. Ich lernte Schillers «Don Carlos» kennen: «Und willst du wissen, was sich ziemt, so frage nur bei edlen Frauen an!» Mich musste «mann» nicht mehr fragen. Ich wusste es nicht, denn ich war keine edle Frau, sondern eine geschändete, beschmutzte, schuldige, mit Sperma bespritzte, gefüllte und Sperma schluckende, noch längst minderjährige Schülerin in einer Knabenklasse mit von Männern geschaffenen Lehrmitteln, von Männern ausgesuchten Bildungstexten, nach männlichen Kriterien und Gewichtungen unterrichtet in einer männlich strukturierten und gefärbten Sprache. Gewogen, geprüft, beurteilt von Männern.

Noch schaffte ich es zu funktionieren in meinen drei imaginären, voneinander durch Abgründe getrennten Rollen als kleine Befriedigerin, als heranwachsende, unschuldig (die Sprache sagt es: du wirst dann schuldig, wenn du weiblich bist!) zu sein habende Tochter dieser Mutter, als Schülerin.

Im Taumel völligen Verwirrtseins rannte ich längst im Kreis:

Angst, Verlassensein, Erschöpfung, Ratlosigkeit, Angst, Sehnsucht, Versagen, Angst, Verlorenheit, Panik, Geheimnis, Angst, Im-Leeren-hängen, ersticken – Angst – Angst. Es nicht sagen können. Wem nicht sagen können? Was nicht sagen können? Mit welchen Worten nicht sagen können?

Herr Kasche liebte mich, sagte er. Ich sei sein Putzerl, sagte er. In den Schulferien würde er mich immer holen, sagte er. Natürlich könnte ich auch allein reisen, fand er. Ich sei ja schon so vernünftig und selbständig. Mutter hatte gegen keine der beiden Varianten Einwände. Und Vater war da – er war dabei. Das ist auch «historisch» erwiesen. Aber er wollte wohl seine Ruhe haben.

So reiste ich einmal hin, ein andermal reiste er her, war Gast unserer Eltern und nahm mich dann mit. So geschehen in den Herbst-, Winter-, Frühlings-, Sommer-, Herbst-, Winter-, Frühlings-, Sommer-, Herbstferien der folgenden Jahre. Im Nachtzug reiste ich allein nach Wien. Zollkontrollen, Zonengrenzen, russische, amerikanische Uniformen! Was konnte mir schon geschehen? War mir doch schon alles geschehen, war ich ja schon Tode gestorben. Als eine, die auszog, das Fürchten zu lernen; als eine, die die Angst nicht mehr kannte, weil sie sie nicht mehr spürte. Mutter hatte mir einen Pass ausstellen lassen, mit einem Schweizerkreuz. Sie ging jeweils für mich auf die österreichische Botschaft im Kirchenfeldquartier, um mir das Visum geben zu lassen. Kitzbühel ist schön im Schnee. Hahnenkamm und Patscherkofel bieten in der strahlenden Wintersonne eine herrliche Aussicht. Auch ohne Skier sieht so ein Backfischlein im Dress knusprig aus. Der Stephansdom kann trotz schweren Kriegsbeschädigungen besichtigt werden. In Verona gibt es ein Amphitheater, und in Venedig seufzen auch ganz gewöhnliche halbwüchsige Mädchen auf der Brükke.

Bozen und Meran waren Kurstädte und gehörten zum guten Ton, und in den noblen Hotelzimmern hingen barocke Spiegel aus Gold an den Wänden, worin man nicht nur bekleidet allerhand betrachten konnte. Schliesslich ist auch das goldene Dachl in Innsbruck mehr als eine Reise wert, und das Riesenrad im Prater schaukelt ungerührt «jedefrau» in schwindelnde Höhe.

Eine bewährte Regel sagt: «Die Gunst der Mütter sollen sich die Liebhaber der Töchter nicht verscherzen.» So reist die Familie aus der Schweiz in der langen Sommerpause des zweiten Jahres erneut ins Salzkammergut und residiert im Haus am See, von dessen aktuellem Besitzer ich zwanzig Jahre später erfahre, dass es nie Eigentum unseres Gönners gewesen war. Wenn meine Mutter noch lebte, würde es nichtsdestoweniger ihr Geltungsbedürfnis nähren zu wissen, dass es immerhin etliche Jahre das Eigentum eines Burgtheaterdirektors gewesen sein soll.

Tochter oder Töchter, sagte ich? Was nicht ist, kann werden. Die Eifersucht der grossen Schwester, von der Mutter geschürt, machte sie blind.

«Fahr doch auch einmal zu ihm! Er wird dich genauso liebevoll annehmen. Er wird dich wie das Putzerl verwöhnen.»

Und die Schwester, genau wie Mutter, verwechselte schöne Kleider und Worte mit Liebe. Wie konnte sie, auch noch mit zwanzig Jahren, nach einem Leben mit diesen tatkräftig vorgelebten mütterlichen Mustern etwas von Liebe wissen?

Vor-Bilder, Vor-Gelebtes im Sinne von Vor-Geliebtes hätten ihr Massstab sein sollen. Ob sie wohl nachher auch geweint hat? Ob er ihr auch gesagt hat, alle Mädchen weinen? Ich habe sie nie gefragt. Es war alles so schamvoll.

Ob auch die Milly aus Wien und die Liesl, das schöne Kind mit den tief veilchenblauen Augen, nachher geweint haben? Erinnerungsblitz: Ich liege auf einer Matratze im Wohnraum im Haus am See. Es ist dunkel im Zimmer. Neben mir liegt Herr Kasche. Auf seiner andern Seite liegt die Liesl Cerveny aus Wien. Wir sind wohl alle drei nackt. Als nämlich Putzerls Hand sich auf den Penis des Mannes in der Mitte legt, findet sie die Stelle besetzt. Liesls kleine Hand und meine berühren sich. Blitz aus. Kein Zorn auf Liesl, kein Zorn auf ihn, kein Abscheu, kein Widerstand, kein Hass, keine Enttäuschung. In meiner Lage waren rettende, in Bewegung setzende Gefühle nicht mehr möglich. Nur Schmerz war da, den ich mit aller Kraft hinunterdrückte. Sonst wäre ich wohl schreiend durch die Gegend gelaufen und vielleicht über eine Brücke gesprungen, wie mein Bruder es Jahre später in seinem Schmerz hat tun müssen.

Herr Kasche hatte mich «auserkoren». Meine Mutter hat's gewollt und mich in seine Hände verraten.

Mein Vater blieb unsichtbar und delegierte alle Verantwortung.

Mein Bruder war ebenfalls ein Opfer.

Die Schwester eine Verführte, Blinde, Leidende.

Der Zusammenbruch beginnt, als die grosse Schwester mir ihr Geheimnis mit Herrn Kasche aufdeckte. Da war ich unterdessen fünfzehn geworden. Das Lügengebäude stürzte ein. Ich wurde darunter begraben. Und die Trümmer trugen nicht mehr den Firnis des schönen Scheins. Die geflüsterten Stimmen in mir, die mich verurteilten, waren wahr. Ich war die faule Frucht, die weggeworfen wird. Aber ich tat den Mund nicht auf. Auch nicht gegenüber der Schwester. Abwesend, verstört, verstummt, machte ich sogar der Mutter Angst. Während der Monate, die sie brauchte, um Hilfe für mich zu suchen, ging ich auf dem Grund einer Hölle.

Rastlos durch die Stadt wandernd, bei Tag, abends, in der Nacht, quälten mich die Stimmen, verhedderten sich, liessen keine Ruhe, redeten drein, verstummten nicht: «Kannst nicht darüber reden. Darfst es niemand sagen, auch der Schwester nicht. Musst stark sein, braves Muckerl sein, er liebt dich doch. Sie dürfen ihn dir nicht wegnehmen, du bist sonst ganz allein, ganz allein. Nein, es ist nicht Liebe, es ist schmutzig, du bist schmutzig, er ist schmutzig, er tut dir Schmutziges. Nein, er liebt dich, du bist ganz etwas Besonderes, darfst es niemandem sagen, auch Mutter nicht. Sie würde toben, dich vielleicht totschlagen. Es ist schlecht. Du bist schlecht. Es ist dreckig. Er tut es auch mit andern. Nur die Schule, die Schule! Wenn ich die Schule nicht schaffe, ist alles zu Ende.»

Ich schaffte die Schule längst nicht mehr. Meine Mutter hatte die Idee, es sei jetzt an der Zeit, mich aufzuklären. Mein merkwürdiges, gestört-krankes Verhalten schrieb sie der beginnenden – welch ein Hohn – Pubertät zu. So sassen wir auf den diesem Gespräch angemessenen Plätzen. Mutter auf der WC-Brille, ich auf dem Badewannenrand. Vom Inhalt des Intermezzos ist in mir nur das Gefühl von Peinlichkeit, von Schmutziges-Wissen-Teilen, von Schmach und Scham haften geblieben. Und ich dachte ständig bitter: «Wenn du nur wüsstest!»

Wenn ich verstört und buchstäblich herrenlos an den Ecken herumstand, es zu Hause und nirgends mehr aushielt, wurde ich leichte Beute für allerhand männliches Gelichter, das trotz allem öffentlich leuchtete (der Herr Cellist zum Beispiel). Ich musste die Angst und Schmach mit noch grösserer Angst und Schmach zudecken, um es auszuhalten. Ich musste in immer neue Gefahren tauchen, um die vergangenen und überlebten Gefahren nicht fühlen zu müssen. Ein Mechanismus der Zerstörung.

Schliesslich landete ich im Zimmer des damaligen Schulpsychologen.

Es schien einen Neuanfang zu geben.

Ich hörte auf zu schwänzen im Unterricht.

Ich fuhr nicht mehr nach Österreich.

Ich lernte den reinen Sohn aus einer reinen evangelischen Pfarrersfamilie kennen. Ich lechzte nach Reinheit.

Musste sich nicht doch noch alles zum Guten wenden?

Nachwort

Musste sich nicht alles noch «zum Guten wenden»? Was ist das Gute? Ein Leben in Würde und ohne Lüge? Sich freuen, lachen und lieben können? Eine Aufgabe erfüllen, die sinnhaft ist? Darum wissen, dass jedes Dasein gewollt und dass die unausrottbare Sehnsucht nach Wahrheit ein Geschenk der Schöpfung ist? Sich mit der Frage nach Schuld nicht mehr quälen müssen? Wissen darum, dass jeder Täter zuerst Opfer war? Sich selbst annehmen und ernstnehmen können und sich nicht mehr verurteilen müssen? Die Schmerzen, Ängste und Leiden des einstigen Kindes fühlen dürfen und können und dadurch von ihnen er-löst zu werden?

Diese Fragen stellen, heisst die erste Frage bejahen. Sie bejahen meint nicht, jetzt in einem Rosengarten in eitel Sonnenschein zu wandeln. Als eigener wacher Mensch in mir aus eigener Kreativität und eigenem Recht und eigener Kraft und eigener Verantwortung nehme ich teil und lasse mich bewegen und herausfordern.

Deshalb musste dieser Bericht geschrieben werden. Er steht stellvertretend für ungezählte Berichte, die nicht geschrieben werden können, und der Kindern ohne Stimme eine Stimme gibt.

Ich trauere nicht mehr oft darüber, dass der schwere und einsame Weg zum Finden meiner Stimme ein

Leben gedauert hat. Er führte trotz ungeheuren Anstrengungen und äusseren Erfolgen, die mir «bewiesen», dass ich meiner Vergangenheit entkommen war, in die Tiefe. Er brachte mich bis auf den Grund, in die Krise, zur Kapitulation. Der unerträgliche Leidensdruck zwang mich zum Hinschauen.

Da war jemand, der mich schliesslich an der Hand genommen und mich auf dem Weg zurück zu den Anfängen begleitet hat. Wo ich nicht mehr selbst gehen konnte, hat er mich geführt. Er hat es auf sich genommen, mit mir in die schleimigen, tödlichen Abgründe hinunterzusteigen. An meiner Schwäche hat er sich nicht gestärkt, meine zertretene Würde hat er für mich aufgehoben. Schuld, die ich auf mich geladen hatte und die nicht die meine war, hat er mir niederzulegen geholfen. Sein stilles Hören hat mich Worte finden lassen, das Unnennbare zu nennen und davon frei zu werden.

Da war jemand, der meinen Schmerz ausgehalten, meine Wut ertragen, sich an meinen Fortschritten gefreut und an mich geglaubt hat. Ich wurde nicht getreten, und mein Vertrauen begann zu wachsen.

Ich war das verwunschene Tier des Märchens. In sein wahres Sein konnte es sich erst zurückverwandeln durch das uneigennützige Teilhaben eines Menschen.

Diesem Menschen ist meine Arbeit gewidmet.

Charlotte Gerber, Loco

Kapitelübersicht

Ein neuer Kästner!

Seit *Erich Kästner* wurde kein so schönes, rührendes
Lausbubenstück mehr geschrieben!
Walter Alvares Keller ist ein herzhafter Erzähler
mit grosser Menschlichkeit.
Man kann lachen, weinen und schmunzeln über diesen Schabernack.
Der Leser freut sich am hintergründigen Humor und an der natürlichen geballten Kraft von Kellers Sprac

Walter Alvares Keller
Gottes weisser Mantelsaum
Peter Stäublis Jugend

ISBN 3-9520288-3-5
SFr. 38.– / DM 42.– / öS 328.–

Ein erschütternder Tatsachenbericht!

Wer dieses Buch in die Hand nimmt, wird es bis zum Ende lesen:
Ein Buch, das betroffen macht.
Nur jemand, der all diese Demütigungen und Ungerechtigkeiten selbst erlebt hat,
kann so ergreifend erzählen.
Der Autor beschönigt nichts, kommt jedoch ohne
Aggressivität und Bitterkeit aus.

Harry Zweifel
Daniel Heim
Zögling und Mündel

ISBN 3-9520288-1-9
SFr. 36.– / DM 39,80 / öS 298.–